Für Daniela
und unsere Kinder
David und Hannah

Peter Kurz, geboren 1962, war bis 2023 Oberbürgermeister der Stadt Mannheim. Nach dem Jurastudium wurde er Richter am Verwaltungsgericht in Karlsruhe und 1999 in Mannheim Bürgermeister für Bildung, Kultur und Sport. Als OB von Mannheim war er u. a. im Präsidium des Deutschen Städtetags und Gründungsmitglied des *Global Parliament of Mayors*. 2021 wurde er mit dem *World Mayor International Award* ausgezeichnet. Peter Kurz lebt in Mannheim.

Weitere Informationen finden Sie auf
www.fischerverlage.de

Inhalt

Vorwort: Nadelöhr

Fährt man auf der Autobahn, aus dem Südwesten kommend, in Richtung der Hauptstadt, findet man in Hessen, nicht allzu weit von der Landesgrenze nach Thüringen, einen Rastplatz mit dem außergewöhnlichen Namen »Nadelöhr«, der zum Ausgangspunkt dieses kleinen Buchs geworden ist.

Gibt eine lange Autofahrt sowieso schon viel Gelegenheit zum Nachdenken, war das Nadelöhr und das mit dem biblischen Gleichnis verbundene Bild des sich durch ein Nadelöhr zwängenden Kamels ein besonderer Impuls, über die Schwierigkeiten nachzudenken, Botschaften und Erfahrungen so nach Berlin und in die nationale Politik zu bringen, dass sie Wirkung entfalten. Genauso aber über die schier ausweglos erscheinende Situation demokratischer Politik nachzudenken, von der eigenen Wählerschaft schmerzhaft Notwendiges abzuverlangen und gleichzeitig die eigenen Gewohnheiten und institutionellen Zwänge zu überwinden.

Und gilt für Institutionen selbst nicht eine ähnliche Aussage wie im biblischen Gleichnis? Nämlich, dass ein Kamel eher durch ein Nadelöhr kommt, als dass Ziele, für deren Realisierung die Institutionen einmal begründet worden sind, wirklich dauerhaft und praktisch wirksam verfolgt werden?

Die folgenden Gespräche kreisten um die Frage, ob es beim Nachdenken über diese Themen nicht hilfreich sein könnte, gerade die Erfahrung aus Jahrzehnten praktischer Politik vor Ort, in der Stadt, als Ausgangspunkt zu nehmen. Sie gaben den Ausschlag, zehn Beobachtungen zu den strukturellen Herausforderungen und Hindernissen für (gute) Politik und Verwaltung wiederzugeben – nicht aus Sicht von Politologie und Verwaltungswissenschaft, sondern aus der Einsicht in die Alltagspraxis in den Städten.

Manche Aspekte sind dabei schon im Fokus von – allerdings oftmals festgefahrenen – Debatten in der medialen Endlosschleife; andere, nicht weniger relevante werden kaum zur Kenntnis genommen. Dem Festgefahrenen wie dem Unbeachteten gilt die Aufmerksamkeit dieses Buchs und zugleich der politischen Rhetorik. Denn wenn »Reden wie ein Politiker« eine Negativzuschreibung ist, liegt hier ein grundlegendes Problem. Sie markiert eine Distanz zum politischen System, die sich an der Sprache festmacht und ein Zuhören verhindert. Das »Was« kann von vornherein nicht durchdringen, wenn der Ton nicht getroffen wird und sich die Ernsthaftigkeit nicht vermittelt. Durch das Nadelöhr der Bereitschaft, zuzuhören, zu kommen, verlangt also auch, *anders* zu reden.

1

Urbi et orbi: Warum Städte Herausforderungen besser meistern

Wir erleben einen eigenartigen Widerspruch. Obwohl wir überwiegend in Städten leben, zunehmend klar wird, dass hier die großen Fragen unserer Zeit beantwortet werden müssen und viel über die Stadt geschrieben wird: Was die Stadt besonders macht, wird politisch wenig verstanden und genutzt.

Die Stadt als Lebensform hat sich weltweit »durchgesetzt«: Seit 2008 lebt die Mehrheit der Menschen in Städten, im Jahr 2050 werden es fast 70 % der Menschen sein. Das Wachstum der Welt ist urban.

Und auch politisch scheint ihre Bedeutung gewachsen. Internationale und supranationale Institutionen wie die Vereinten Nationen, die Europäische Union, die Organisation für wirtschaftliche Zusammenarbeit und Entwicklung und die Weltgesundheitsorganisation sprechen Städte immer häufiger als wichtige Partner an. Sie wissen, dass nahezu allen globalen Herausforderungen auf lokaler Ebene begegnet werden muss: Von der Bekämpfung des Klimawandels oder der Anpassung an seine Folgen über die Transformation der Wirtschaft, die Aufnahme von Zugewanderten und Flüchtlingen bis zum Management von Krisen wie der Corona-Pandemie braucht effektive Politik die lokale Ebene.

Die Stärkung der Städte schafft ersichtlich bessere Voraussetzungen, mit großen Krisen umzugehen. So waren neben der digitalen Modernisierung Dezentralisierung und die Stärkung der Demokratie durch die Städte in der Ukraine die wichtigsten Voraussetzungen, dass das Land auf den Überfall Russlands organisatorisch und gesellschaftlich so resilient reagieren konnte. Und auch in der öffentlichen Wahrnehmung hatte die Stadt zuletzt Konjunktur. Nach Jahrzehnten des Abgesangs auf die Stadt brachten die 2000er Jahre eine Wende. Vom Aufstieg der kreativen urbanen Klasse schrieb Richard Florida, vom Triumph der Stadt gar der Harvard-Professor Edward Glaeser.

Der amerikanische Politologe Benjamin Barber forderte die Überwindung des Nationalstaats durch die Städte. Er attestierte dem Nationalstaat Dysfunktionalität in Bezug auf die globalen Herausforderungen, da die ihn bestimmende Idee der Unabhängigkeit nicht zu den wechselseitigen Abhängigkeiten in unserer Welt passe, die die Städte sehr wohl erspürten.

Dennoch haben die beschriebenen Entwicklungen nicht zu einer grundlegend veränderten Praxis im Umgang mit den Städten geführt. Und zugleich wurde eine Gegenbewegung sichtbar: Städte selbst sind in jüngerer Zeit Gegenstand der politischen Auseinandersetzung geworden.

In nicht wenigen Ländern wird die »urbane Elite« angegriffen und ein politischer Gegensatz zwischen Land und Stadt aufgebaut. Und auch objektiv sind die Probleme der Städte gewachsen: Sogar für Menschen mit einem durchschnittlichen Einkommen haben sich die Schwierigkeiten erhöht, in der Stadt anständig zu leben. Und die weltweite, rapide Urbanisierung stellt sich selbst als eine der größten ökologischen und sozialen Herausforderungen dar.

Wenn wir die Rolle der Städte verstehen wollen, dürfen wir bei der bloßen Beschreibung und der schon in der Bibel manifesten, zwischen Überhöhung und Verdammung oszillierenden Bewertung der Stadt nicht stehenbleiben. Die Stadt ist eine Lebensform mit großer politischer Relevanz. Doch woher kommt diese Relevanz genau? Was macht die besonderen Potenziale der Stadt aus? Was hat sie politisch zu bieten?

Dafür sind zwei Aspekte des Begriffs Stadt zu unterscheiden. Zum einen geht es um die Stadt als Ort und »Öko-System«. Und zum anderen um die Stadt als politische Einheit und Verwaltungsebene.

Die Stadt als kreatives Kraftzentrum

Sprechen wir über die Stadt als »Öko-System«, dann basiert ihre Relevanz auf der Konzentration von Wissen, Infrastruktur, Kapital und Wertschöpfung. Diese Konzentration macht Städte zugleich zu den

Orten mit dem höchsten Ressourcenverbrauch und damit automatisch zum Handlungsort mit der größten Hebelwirkung für Veränderung.

Zugleich dürfen wir erwarten, dass neue Lösungen dort entstehen. Und das liegt nicht allein an der Sichtbarkeit der drängenden Herausforderungen in den Städten; es liegt an ihrem kreativen Potenzial. Wie Forschende des MIT (Massachusetts Institute of Technology) es einmal formuliert haben: Kreativität ist Dichte plus Vielfalt plus Interaktion. Dies beschreibt genauso die Stadt.

Stadt ist somit Kreativität.

Wenn wir das zum Ausgangspunkt nehmen, ergeben sich zwei Schlussfolgerungen für eine politische Praxis, die verändert werden muss, um das kreative Potenzial der Städte zu stärken und zu nutzen.

Zum einen brauchen wir eine noch deutlichere Abkehr von den nach wie vor präsenten Ideen der Moderne, die die Funktionen der Stadt entflochten haben: Kaum etwas hat mich so ernüchtert, wie im Rahmen internationaler kommunaler Zusammenarbeit zu erleben, dass nach wie vor weltweit neue Stadtviertel und Städte entstehen – auch basierend auf Planungen europäischer Büros –, die klassisch die Wohnstadt, das Einkaufszentrum, das Gewerbegebiet, die Industrie, Freizeit- und Sportareale voneinander trennen. Diese Entflechtung mindert die Potenziale der Stadt, weil sie alle drei Faktoren – die Dichte, die Vielfalt und die Interaktion – schwächt.

Wichtig ist deshalb eine klare Orientierung: Durch bewusste Kombination von Wohnen, Arbeiten, offenen Räumen und kulturellen Angeboten Dichte und Vielfalt erhöhen und Interaktion zumindest anregen. Dies schont nicht nur Ressourcen, sondern schafft neues soziales und ökonomisches Potenzial.

Zum anderen besteht das letztlich entscheidende und auch neue Handlungsfeld für Städte als politische Einheiten darin, die Interaktion zu steigern und damit ihre Funktion als »Ökosystem« zu stärken. Der Umfang und die Qualität des Zusammenspiels zwischen den vielen in der Stadt können vor Ort gezielt befördert und gepflegt werden. Denn dieses Zusammenspiel wird nicht allein durch den national gesetzten politischen und kulturellen Rahmen bestimmt.

Dabei geht es um noch mehr als die Erhöhung des kreativen Potenzials. Die ökologische und soziale Krise verlangt grundlegende Veränderungen bei Produktion, Mobilität, Wohnen und Konsum, die nicht zuletzt vor Ort getrieben, entwickelt und organisiert werden müssen. Gleichzeitig wird die Fähigkeit zum Zusammenleben und zur Zusammenarbeit gesellschaftlich herausgefordert und in Frage gestellt.

Für beides – den Zusammenhalt wie für die Transformation – braucht es in den Städten deshalb erweiterte oder neue »Allianzen« und mehr Kooperation. Städte müssen hier eine kuratierende, inspirierende, einladende Initiative ergreifen. Und brauchen dafür Fähigkeiten und Kapazitäten.

Dieser Bedarf wird bei weitem unterschätzt. Eine Ahnung bekommen wir jetzt, da beispielsweise die Lücke an Planungskapazität vor Ort ersichtlich wird, um die Wärmewende auch zu gestalten. Aber selbst bei diesem scheinbar so technischen Thema geht es um noch mehr. Aus einem technischen Plan wird nicht automatisch Handeln, wenn viele sich bewegen müssen. Hausbesitzer und Unternehmen, die investieren, Nachbarschaften, die sich gemeinsam engagieren, Betriebe, die ihr Leistungsvermögen ausweiten, Innungen und Städte, die Ausbildungskapazitäten erweitern. Es geht um Motivation, Kooperation, Bewusstsein. Sie kommen nicht von allein. Und ohne sie kommt es nicht zu konkreten, umsetzungsreifen Projekten.

Das ist die größte Lücke, die es zu schließen gilt. Sie schließt sich nicht durch Appelle.

Die politische Praxis der Stadt

Schauen wir auf die Stadt als politische Einheit und Verwaltungsebene, dann braucht es einen nüchternen Blick auf ihre aktuellen Möglichkeiten und ungenutzten Potenziale. Den bietet weder die kraftmeierische Rhetorik mancher Vertreter der globalen Metropolen noch der weit verbreitete herablassende Blick auf die städtische Ebene als niedrigere Form der Politik, deren Akteure eben nicht das Zeug zur »großen Politik« hatten.

Politik vor Ort ist nicht einfacher und das lokale

politische System ist nicht per se stabiler und wirksamer als die nationale und internationale Politik. Aber: Die Stadt bietet bessere *Voraussetzungen* für eine zeitgemäße Politik, die den Herausforderungen gerecht wird. Und diese müssen dringend genutzt werden.

Diese besseren Voraussetzungen begründen sich in grundlegenden Unterschieden zu anderen politischen Ebenen:

Die Verantwortlichen – und vor allem die Bürgermeister:innen – brauchen einen pragmatischen, ergebnisorientierten Politikstil, um erfolgreich sein zu können. Sie sind näher an den Menschen. Sie müssen dialogischer agieren; sie erfahren direkter Reaktionen. Sie sind weniger umzingelt von Medien, Apparaten, Konkurrenzen; sie sind viel mehr umzingelt von Wirklichkeit. Und diese Wirklichkeit verlangt ein höheres Maß an Agilität und Korrekturbereitschaft. Und: Wenn Not herrscht und Probleme sehr sichtbar sind, haben Bürgermeister:innen ein anderes Gefühl der Dringlichkeit.

Kommunale Politik muss auch ganzheitlicher denken als nationale Politik. Ihr Handeln ist fast immer raumbezogen. Es geht um Plätze, um Nachbarschaften, um Stadtteile. Eine reine Fachpolitik stößt da schnell an Grenzen, und das übliche Denken und Handeln in fachlichen Silos führt schneller und sichtbarer zu Widersprüchen. Will beispielsweise eine Kommunalverwaltung das Sicherheitsgefühl stärken und die Kriminalitätsrate in einem Stadtteil senken, ist nahezu das gesamte Instrumentarium lokaler Politik gefordert – von der Stadtplanung bis zur Kulturpolitik. Ganz praktisch erfahren lokal Handelnde, dass isolierte Fachpolitik selten Problemlösungen bietet.

Und nicht zuletzt ist die Auseinandersetzung mit Vielfalt das tägliche Brot kommunaler Politik. Ein Zusammenleben in Städten ist ohne das Zulassen von Mehrdeutigkeit, die Gleichzeitigkeit von Indifferenz und Zusammenhalt gar nicht vorstellbar. Das erfordert eine andere Haltung, als sie in nationaler Politik dominant ist.

Diese Qualitäten des lokalen administrativen und politischen Handelns – Dialogfähigkeit, Agilität, Ergebnisorientierung, spartenübergreifendes Denken und Handeln sowie Umgang mit Vielfalt – sind entscheidend, um mit Volatilität, Unsicherheit. Ambiguität und Komplexität besser umzugehen.

Doch: wie können wir diese Qualitäten städtischer Politik besser nutzen?

2

It’s the governance, stupid! Wie sich der Staat ändern muss

Es muss sich etwas ändern – da sind sich alle einig. Schneller, gezielter entscheiden und schneller und unbürokratischer handeln, lauten die Ziele. Und gleichzeitig wird die Dimension der Herausforderungen, vor denen wir stehen, immer klarer: Es holt uns ein, dass wir viele Faktoren, die unser bisheriges Leben und Wirtschaften getragen haben und tragen, nicht ausreichend bedacht haben. Die signifikante Häufung der Krisen ist dafür ein Zeichen. Und gleichzeitig erhöhen sich damit die Belastungen und der Stress für unser politisches System. Die akuten Krisen binden Aufmerksamkeit und Ressourcen.

Die Krisen zwingen zur Reaktion, zur kurzfristigen Anpassung: Auch die Formate der Entscheidungsfindung verändern sich. Immer neue Zusammensetzungen für neu einberufene »Gipfel« legen davon beredtes Zeugnis ab.

Eine direkte Kommunikation und ein Zusammenwirken mit Städten und Kommunen wurde immer häufiger nötig. Gab es während der sechzehnjährigen Kanzlerschaft von Angela Merkel zumindest aus

Sicht der Regierung im ersten Jahrzehnt keinen solchen Bedarf, änderte sich das im letzten Drittel ihrer Regierungszeit. Erst die Aufnahme der Geflüchteten aus Syrien, dann die rechtlich erzwungenen Dieselfahrverbote und schließlich Corona brachten die Städte direkt an den Tisch der Kanzlerin. Dass sich deutsche Städte in der Botschaft der neutralen Schweiz gegenüber dem Kanzleramt zu einer Vorbereitung auf einen solchen Termin trafen, steht dabei symbolhaft dafür, wie außergewöhnlich diese Konstellation in Deutschland nach wie vor ist. Denn eine Rückwirkung darauf, wie wir grundsätzlich, auch jenseits von Krisen, Entscheidungsprozesse gestalten, hatte diese Entwicklung bislang nicht.

Die Corona-Erfahrung

Dabei hat es in diesen Krisen Ansätze gegeben, die über die aktuellen Anforderungen hinauswiesen. Das gilt besonders für die Corona-Pandemie.

Nie zuvor war der Austausch zwischen Wissenschaft und Politik, aber vor allem auch zwischen den verschiedenen politischen Ebenen so intensiv gewesen. Hier war klar: Auf diese neue und unbekannte Situation müssen alle Ebenen gemeinsam flexibel reagieren, müssen sich als lernendes System erweisen. Und dies geschah – wenn auch mit unterschiedlichem Erfolg.

Die Städte, Landkreise und Gemeinden wurden – zumindest phasenweise und sehr unterschiedlich in den Bundesländern – bei Strategieentwicklung und Entscheidungen einbezogen. Ihre Erfahrungen, Konzepte und Expertise fanden zumindest indirekt Eingang in die nationale Politik. So waren einzelne Städte mit die ersten, die auf die sozialen Unterschiede bei Ansteckungsrisiko und Impfquoten hinwiesen und handelten und z. B. Impfbusse in die Quartiere schickten. Sie hatten ersichtlich auch ein anderes Gespür für die Akzeptanz und Nachvollziehbarkeit von Einschränkungen. Und für die Wirksamkeit von Maßnahmen war die kommunale Erfahrung gefragt, gerade weil unterschiedliche Herangehensweisen verglichen werden konnten. Nicht zuletzt wurde die Kommunikation in die Gesellschaft als eine gemeinsame Aufgabe aller Ebenen angenommen.

Die außergewöhnlichen Dialogformate und Prozesse endeten jedoch, sobald sich abzeichnete, dass sich die Situation entspannte. Nicht registriert wurde, dass diese Art des Arbeitens das »neue Normal« sein müsste und eine Voraussetzung ist für eine wirkungsvolle Politik in dieser Zeit.

Die Stadt im Staat

Wären solche Dialogformate die Regel geworden, hätte beispielsweise die Wärmewende in Deutschland deutlich erfolgversprechender aufs Gleis gesetzt werden können. Systematisch wird jedoch die Bedeutung der Kommunen unterschätzt, weil Politik als Top-Down-Vorgang gedacht und gestaltet wird. Sie kann aber nur erfolgreich sein, wenn sie als »Gegenstromverfahren« organisiert ist. Die kommunale Ebene ist eben nicht die Umsetzungsebene der »großen« Politik, sondern sie ist die politische Ebene, in der politische Strategie und operative Umsetzung zusammenkommen. Hier werden auch Wirkung oder Nicht-Wirkung politischer Entscheidungen unmittelbar sichtbar.

Städte und Kommunen sind deshalb nicht nur operativ entscheidend in fast allen Bereichen öffentlichen Handelns; sie sind ebenso eine bedeutende strategische Ebene. Sie haben wichtige Erfahrungen, Ideen, Konzepte mitzuteilen.

Sie sind dabei gerade nicht blind für die gesamtstaatlichen Herausforderungen, sondern sind wesentliche Akteure, diesen Herausforderungen zu begegnen. Klimawandel, Transformation, Wohnungsbau, Mobilität, Gesundheit, nachhaltige Nahrungssicherung, Migration, Bildungsgerechtigkeit, Zusammenhalt und Bewahrung der Demokratie – es sind die großen Themen, die die Kommunen bewegen. Kommunen sind Seismographen, Erfahrungsräume und Labore sowie Gestaltungsebene aus eigenem Recht.

Das, substanziell und ernsthaft, in der Dimension und in der Geschwindigkeit zu nutzen, wie es nötig wäre, dazu fehlt uns bislang die Methodik. Aber eine Ahnung, wie es aussehen könnte, haben wir ja bekommen.

Eine echte Multi-Level-Governance

Der schillernde Begriff der »Governance«, der »Regieren« wie »Steuern« meint, aber auch die Organisation und geregelten Abläufe eines Systems umfasst, hat sich etabliert, wenn es um dieses Zusammenspiel der verschiedenen politischen Ebenen geht. Multi-Level-Governance beschreibt dabei einen Anspruch auf echtes, gemeinsames Zusammenwirken.

Der deutsche Begriff »Mehrebenensystem« bringt das nicht zum Ausdruck. Er ist statisch, deskriptiv. Ein Mehrebenensystem haben wir schon jetzt, eine echte Multi-Level-Governance nicht.

Bei ihr geht es um weit mehr als um einfache »Zusammenarbeit«, die jeden Tag irgendwo stattfindet. Wenn die Vertretung eines Ministeriums zur Schecküberreichung beim Spatenstich in die Kommune kommt, symbolisiert dies Zusammenarbeit, aber nicht Multi-Level-Governance. Denn diese verlangt, dass alle Ebenen am Design der Politik durch Beratung mitwirken können. Und sie verlangt, dass der Versuch unternommen wird, das Handeln aufeinander abzustimmen.

Das Nicht-gehört-Werden der Städte bei der Politikgestaltung ist ein weltweites Phänomen, das immer mehr zu einer globalen Reformbewegung der Städte führt. Sie wollen nicht mehr hinnehmen, wie sehr Nationalstaaten nicht nur ihre eigenen Ziele verfehlen, sondern den Erfolg kommunaler Politik begrenzen. Über 300 internationale Netzwerke von

Kommunen sind entstanden. Und nach und nach rückt für alle die Frage einer echten Multi-Level-Governance und institutioneller Reformen ins Zentrum.

Noch bleiben die Türen zu den Verhandlungsräumen der Nationalstaaten den Kommunen verschlossen. Denn der Widerstand gegen eine Öffnung ist auch hierzulande erheblich, obwohl die Reformen auch im Interesse zumindest der demokratischen Nationalstaaten wären. Denn selbst im ureigensten nationalen Thema, der Außenpolitik, können Kommunen eine viel wichtigere Rolle übernehmen. So finden sich beispielsweise selbst in autoritären Staaten oft kommunale Partner für multilaterale Politik, die von Nationalstaaten jedoch nicht direkt angesprochen werden können. Dies könnten Kommunen untereinander übernehmen.

Direkte Kooperationen zwischen Städten sind überdies effektiver, glaubwürdiger als nationale Programme der Zusammenarbeit und haben eine in die Bevölkerung wirkende, politische Dimension. Eine Klimastrategie oder eine europäische Afrikastrategie hätten mit Einbindung der Kommunen eine höhere Wirksamkeit. Und wer auf einer Partnerschaftskonferenz erlebt, wie selbstverständlich z. B. eine türkische und eine israelische kommunale Delegation miteinander umgehen können, weiß um die nach wie vor bestehenden Potenziale für Verständigung, die kommunale Außenpolitik bieten kann.

Echte Multi-Level-Governance mit ihren notwendigen Abstimmungen, das klingt erst einmal nach mehr Arbeit und Verlangsamung; auch wenn es Qualität sichert und damit die Umsetzung verbessert. Entscheidend ist deshalb ebenso die zweite Dimension, die zu einer echten Multi-Level-Governance gehört: Agilität.

Das Einbeziehen der Kommunen mit ihren direkten Erfahrungen vor Ort schafft keine veränderte Politik ohne ständige Reflexion über die Wirksamkeit des gemeinsamen Handelns, über Erfolg und Misserfolg und eine Bereitschaft zur Korrektur. Zusammengefasst: Multi-Level-Governance ist institutionenübergreifendes, institutionelles Lernen.

Wir sind leider noch weit davon entfernt, dass dies breite Überzeugung wäre. Das gilt sowohl für das Verständnis als lernendes System wie für die Bereitschaft, Kommunen am Design von Politik teilhaben zu lassen. »Es kann ja nicht sein, dass die Kommunen dem Bund sagen, was er zu machen hat«, bekam ich zur Antwort, als wir einer Bundespolitikerin erklärten, dass ein gesetzgeberisches Vorhaben in der Praxis nicht funktionieren wird. Dabei geht es nicht darum, wer wem eine Ansage macht. Wir müssen beschreiben, was wirken und was nicht wirken kann, und ein ernsthaftes Reflektieren darüber und Konsequenzen daraus sind zwingend.

Ein solcher Prozess kann auch helfen, die dominanten internen »Systemlogiken« einzudämmen, die alle mit der sachlichen Zielsetzung nichts zu tun haben und damit strukturell dysfunktional sind. Nur mit einem neuen Modus, der den multiplen Krisen gerecht wird, ist der faktische Vorrang von Koalitionsarithmetik, Zuständigkeitsgerangel, angenommener öffentlicher Meinung, regionalem Proporz bis zu Finanzierungstechniken einzudämmen.

Der Think Tank »Demos Helsinki«hat 2020 einem Ansatz für die finnische Regierung, Reformen als lernendes System anzugehen, die Überschrift »Humble Government« gegeben. Gemeint ist ein Regieren, das nicht Allwissenheit behauptet, sondern stattdessen Korrekturen von vornherein mitdenkt. Das sich in diesem Sinne »bescheiden« bzw. mit der notwendigen Demut auf die Erzielung von Ergebnissen konzentriert.

Das alles verlangt nicht dramatisch viel.

Man muss nicht gleich die verfassungsrechtlichen Fragen bei der Überwindung von Kooperationsverboten zwischen Bund und Kommunen und der Gründung neuer Gremien aufwerfen.

Eine grundlegende veränderte Haltung ist der Schlüssel. Und eine neue Praxis – z. B. mit informellen Treffen, wie vielfältig erprobt – wäre schnell zu realisieren und könnte viel bewegen.

3

»Die Wahrheit ist auf dem Platz«: Warum wir uns in Vorschriften verheddern und Politik oft nur gut gemeint ist

Die Kommunen waren ein Seismograph in der Frage, dass wir uns übersteuert haben und uns selbst fesseln. Aber erst mit der zentralen Aufgabe eines raschen Ausbaus der Windenergie an Land und dem klar ablesbaren Verfehlen der Ziele war diese Selbstfesselung auch auf der Agenda von Kanzleramt und Staatskanzleien gelandet.

Das Beispiel zeigt, dass es beim Bürokratieabbau nicht darum geht, dass der Staat zu viel will. Es geht um die Frage, ob das, was gewollt ist, auch erreicht wird.

Der Rückzug des Staates ist keine Lösung. Er würde den Erwartungen und Bedarfen nicht gerecht.

In den Kommunen erleben wir diese scheinbar widersprüchliche Situation: Parallel zur breiten Beschwerde über eine überbordende Bürokratie steigen die Leistungserwartungen an die öffentliche Hand beständig. Sie steigen dabei nicht nur quantitativ – mehr Kinderbetreuung, mehr Nahverkehr, mehr Sauberkeit, mehr Radwege, mehr Straßenunterhalt; auch thematisch wird das Portfolio der Erwartungen immer breiter: Ein Mehr an Handlungsfähigkeit, selbst in den Bereichen, die marktgetrieben sind, wird vor Ort erwartet. In Bereichen von Wohnen über Nahversorgung, Grundstücksbrachen bis zum Leerstand von Ladengeschäften sollen Kommunen wirksam intervenieren. Hinzu kommen immer mehr zugewiesene staatliche Aufgaben wie die Organisation der Teilhabe von Menschen mit Behinderung und neue Herausforderungen wie Klimaschutz und Klimafolgenanpassung.

Für Städte lautet daher schon länger die Frage: Wie können wir uns so organisieren, dass wir dies zumindest annähernd bewältigen können?

Das liebste Kind der Politik: Standards

Auf jeden Fall nicht mit immer mehr Vorgaben, Standards, kleinteiligen Regelungen. Mit ihnen soll Zielerreichung abgesichert werden. Das Gegenteil ist jedoch das Resultat. Sie binden Ressourcen, machen die Arbeit unnötig kompliziert oder machen Zielerreichung sogar unmöglich.

Schon vor mehr als 25 Jahren hatte sich der damalige Freiburger Oberbürgermeister Rolf Böhme darüber beschwert, dass Freiburg eine von den französischen Streitkräften übernommene Schule nicht weiter als deutsche Schule betreiben kann. Daran hat sich nichts geändert. Wir mussten in Mannheim neben eine sehr inklusive, freundliche und großzügige amerikanische Grundschule eine neue deutsche Grundschule für deutlich mehr als 30 Millionen Euro bauen. Dass wir das müssen, hat aber mit keinem zwingenden pädagogischen Ziel zu tun, sondern mit der Einhaltung unterschiedlichster Standards…

Genauso wenig wären wir derzeit in der Lage, einen nicht mehr zeitgemäßen großen Wohnblock der 60er Jahre für den sozialen Wohnungsbau wie beispielsweise in Bordeaux dadurch zu erhalten, dass mit großen Wintergärten und einem Aufwand von weniger als 100 000 Euro pro Wohnung die Wohnungen attraktiver gemacht und erweitert werden. Wir würden scheitern, weil die Wohnungen nicht den Wohnungsgrundrissen der Förderbedingungen entsprechen, bestimmte energetische Standards nicht erreicht werden oder bestimmte Kostengrenzen in Förderprogrammen überschritten werden. Am Ende bliebe die teurere, Zeit fressende, weniger attraktive und auch noch – mit Blick auf die graue Energie – unökologischere Variante von Abriss und Neubau.

Bis vor kurzem haben wir das hingenommen, weil wir das nicht als existentielles Problem gesehen haben, sondern als fast schon charmanten Preis einer durchregulierten Wohlstandsgesellschaft, die sich so etwas eben leisten kann. Das geht jetzt nicht mehr.

Wir haben schlicht nicht mehr die Ressourcen, um uns diese Fehlsteuerung zu leisten. Wir müssen aufhören, unseren Ressourceneinsatz durch Standards zu bestimmen, anstatt durch Ziele und Ergebnisse.

Überzeugungen statt Ziele

Als 2001 die PISA-Studie veröffentlicht wurde, war das nicht nur ein bildungspolitischer Paukenschlag. Evaluiert worden waren ja im Kern nicht Schülerleistungen und die Leistung von Institutionen allein, evaluiert wurde das Ergebnis von Politik.

Die Reaktion auf diese Evaluation war ernüchternd. Zwar blieb die Studie nicht ohne Folgen, aber die Konsequenzen bewegten sich immer im Rahmen der schon vorher bestehenden bildungspolitischen Überzeugungen. Ein pragmatischer Zugriff und eine ernst gemeinte Überprüfung der eigenen Annahmen und Grundüberzeugungen fanden nicht statt. Die Hoffnungen der kommunalen Bildungspolitik, dass sich ein Paradigmenwechsel ergeben könnte, verflogen schnell.

Im Ergebnis kam das leider nicht überraschend. Denn Deutschland hat keine Tradition in einer Debatte und einer Steuerung, die sich an gemessenen, festgestellten Wirkungen orientiert.

Politische Ankündigungen wie politische Rechenschaft bestehen bei uns zu einem erheblichen Teil daraus, höhere Ausgaben bzw. mehr Personal für ein Thema anzusetzen. Allenfalls werden rein quantitative Ziele wie gebaute Kilometer Autobahn benannt. Wirklich gesteuert wird jedoch auch danach nicht, sonst wären Zielabweichungen ein ständiges Thema der Diskussion und Gegenstand echter Bemühungen um Nachbesserung.

Gesteuert wird, wie viel ausgegeben wird. Die zentralen politischen Dokumente, die Haushaltspläne des Bundes und der Länder, enthalten in der Regel keine Leistungszahlen und schon gar keine Festlegung angestrebter Wirkungen.

Evaluationen von Programmen existieren, sie sind aber nicht Teil eines Regelkreises. Sie werden von Rechnungshöfen und ab und an von dafür beauftragten Externen erstellt und sehr unterschiedlich zur Kenntnis genommen. Sie können eine eigene Bewertung, die zur Routine des politischen Betriebs gehören müsste und nicht als politischer Fehlernachweis daherkommt, nicht ersetzen.

Wirkungsziele, also Ziele, die einen gewünschten Zustand beschreiben, sind in Deutschland kaum ein Thema und am ehesten auf der kommunalen Ebene etabliert, wo einige Kommunen die internationalen Ansätze der 90er Jahre für ein Neues Steuerungsmodell aufgenommen haben.

Das hat Folgen, die besonders deutlich werden, wenn wir den Blick über die Grenzen richten.

Für unsere Nachbarländer Österreich und die Schweiz sind Wirkungsziele nämlich wesentliches Element der Steuerung. Und beide Länder rangieren – wie die ebenfalls mit Wirkungszielen arbeitenden skandinavischen Länder und die Niederlande – im regelmäßig erstellten Index der Weltbank für Regierungseffektivität weit vor Deutschland. Selbst Großbritannien, das über einen deutlich schwächeren öffentlichen Sektor verfügt und absichtsvoll geschwächte Kommunen aufweist, liegt an vielen Stellen mit seinem auf Wirkungen ausgerichteten Steuerungssystem noch knapp vor Deutschland. Das ist kein Zufall.

Zwar schaffen solche Wirkungsziele allein noch keine Veränderung. Aber was sagt es aus, dass wir uns eine Beschreibung der Zustände, die wir anstreben, »ersparen« und sie damit auch nicht messen?

Auch wenn in der Politik mehr und mehr von »Evidenzbasierung« gesprochen wird; Deutschland ist geprägt von einer »Überzeugungsbasierung« – von einer spezifischen Form des Idealismus: Der theoretisch richtige Gedanke genügt uns. Er bleibt auch dann »richtig«, wenn er in der realen Welt nicht das gewünschte Ergebnis erzielt hat. Dann müssen die Gründe für das Scheitern eben woanders liegen.

Eine perfide Form der »Überzeugungsbasierung« ist es, wenn Politik die Ergebnisse selbst herbeiführt, sie dann beklagt und mit mehr der gleichen Ansätze verbessern will. Das ist ein besonders beliebtes Muster beim Thema Integration. Diejenigen, die am laustärksten die mangelnden Integrationserfolge beklagen, sind zumeist diejenigen, die zu einer erfolgreichen Integration nichts beitragen und die Voraussetzungen mit ihrer Rhetorik weiter verschlechtern, weil sie den Zugewanderten die Integrationsbereitschaft abspricht.

Wirkungsorientierung ist auch bei der praktisch

so relevanten Frage der Zielwidersprüche hilfreich. Die notwendige Berücksichtigung mehrerer Ziele kann zu einer auf die konkrete Situation angepassten Konzeption und Lösung führen, während vorgegebene Konzepte und Standards keinen Kompromiss zulassen. Ökonomische, ökologische und soziale Ziele würden im oben genannten Beispiel zur Umgestaltung eines Wohnblocks führen statt zu seinem Abriss; enggefasste Standards dagegen zur gegenteiligen Entscheidung oder zum Nichtstun.

Der Glaube, über – oft auch noch strafbewehrte – Standards Ziele erreichen zu können, hat uns in eine Sackgasse geführt. Gibt man Kommunen und anderen staatlichen Organisationen dagegen Aufträge, Wirkungen zu erzielen, werden sie Hemmnisse abbauen und ein deutlich höheres Maß an Effektivität erreichen können.

Fehlsteuerung beenden

Jede Kommunalverwaltung kann Beispiele abstruser Wirkungen von Vorgaben zusammenstellen, die den »wild gewordenen Amtsschimmel« illustrieren. Das taugt für den Stammtisch und zur Belustigung.Die Versuche, diese Fälle zu sammeln, die verursachenden Regelungen zu überprüfen und damit Bürokratieabbau über Komissionen zu betreiben, lassen Sisyphos als Symbolfigur der Effektivität erscheinen. Denn das Problem liegt tiefer: Es ist die fehlende Verbindung der Prozesse mit der Frage der Zielerreichung. Sind Standards gesetzt, ist niemand mehr berechtigt, Aufwand und Ertrag zu hinterfragen.

Berufen werden zusätzlich Beauftragte, die Einhaltung der Standards durchzusetzen. Bei konfligierenden Zielen ist dies das ideale Konzept der Selbstbeschäftigung, Verlangsamung und im schlimmsten Fall Selbstfesselung: auf maximale Durchsetzung ihres Auftrags geeichte Mitarbeitende gegeneinander in Stellung zu bringen.

Geht es um absolute Rechtsgüter wie Leib und Leben wird so von vornherein schon die Frage nach der Angemessenheit unmöglich gemacht. Jeder Standard und jede Forderung markieren hier eine absolute Grenze und sind nicht diskutierbar. Jede Abweichung stellt maximales persönliches Risiko dar.

Aber kann es wirklich sein, dass in einer Zeit größter bildungspolitischer Herausforderungen in einer Stadt wie Mannheim über Jahre hinweg 25 bis 35 % aller Investitionen im Bildungsbereich in den Brandschutz gingen? Würden wir mit einer anderen Steuerungslogik zum selben Ergebnis kommen? Oder ist es tatsächlich eine gewollte Steuerung, dass einem seit langen Jahrzehnten erreichten und nicht gefährdeten Ziel (»es gibt keine Brände an weiterführenden Schulen mit schweren Personenschäden«) der höchste Rang mit immer neuen Anforderungen und Ausgaben zugemessen wird? Interessanterweise hat diese Ressourcensteuerung niemand bewusst beschlossen.

Auch jenseits politisch gesetzter Standards gibt es also einen Bedarf nach Korrektur. Ihn müssen die Justiz und andere normsetzende Instanzen aufnehmen.

Hier liegt ein Schlüssel der Veränderung: Solange Wirkungen – auch im Sinne von Vermeidung von ungewollten Wirkungen und Ressourcenbindungen – nicht bedacht werden und nicht von allen Institutionen bedacht werden müssen, wird Bürokratieabbau nur ein Schlagwort bleiben.

Neben den Standards sind kleinteilige, ressortbezogene Förderprogramme das zentrale Steuerungsmittel der Politik. Das hat einen im wahrsten Sinne des Wortes hohen Preis.

»Goldener Zügel« nannte man die Methode, die Kommunen auf den gewünschten Pfad zu leiten. Daraus ist längst eine goldene Fessel geworden.

Die Förderung von Einzelprojekten führt zu hohen Kosten der Bearbeitung auf allen Ebenen, insbesondere aber bei den Kommunen. Die ohnehin knappen Mittel werden so weiter reduziert und die schwindende Personalkapazität in die Antragsbearbeitung und Abrechnung anstatt in die Projekte investiert.

Eine Wirkungsorientierung könnte eine deutlich schlankere Zuschuss- und Fördersystematik ermöglichen. Sinnvoll wäre es, Mittel zu bündeln und damit lokale Strategien zu finanzieren, die den übergeordneten Zielen entsprechen und nachweisbar Wirkungen erzielen können.

Besonders fragwürdig wird die gegenwärtige Praxis, wenn ein den Kommunen zustehender Steueranteil abgezweigt und danach in gesondert verwaltete Zuschussprogramme für die Kommunen umgesetzt wird. Für einen Schulbau mit 100 % kommunalem Geld erscheint so eine staatliche Kommission vor Ort, um für den kleinen, über sie verwalteten Finanzierungsanteil zu prüfen, ob die Kommune Standards einhält und die »richtige« Planung hat. Auch das ist eine Selbstbeschäftigung der öffentlichen Hand und eine höchst effektive Methode der Verlangsamung von Entscheidungen und Investitionen. Eine schlichte Pauschalierung der Mittelzuweisung brächte nicht nur Bürokratie-Ersparnis, sondern auch mehr Wirkung.

Eine neue Kultur

Vor allem würde eine wirkungsorientierte Steuerung auch eine notwendig veränderte Verwaltungskultur befördern.

Die psychologischen Techniken der Selbstbehinderung von Verwaltung, die die Organisationslehre identifiziert hat, sind Legion. Sie zu überwinden, ist das harte Brot der Führung (soweit sie nicht selbst davon befallen ist). Ohne einen Rahmen, der nicht die klassischen Muster der Selbstbehinderung wie Silodenken und angstbesetzte Regelbindung eindämmt, ist dies doppelt schwer.

Einen solchen Rahmen für eine veränderte Kultur

bietet eine Steuerung, die ins Zentrum immer wieder neu und für alle präsent die Frage stellt: Was wollen wir – gemeinsam – erreichen? Wie sehen unsere Ergebnisse aus? Wie müssen wir uns korrigieren?

Nur so übernehmen Menschen Verantwortung, denken über ihr Silo hinaus, betreiben nicht die blinde Maximierung der eigenen Erfolge und sind bereit zur Zusammenarbeit.

Für alle politische Ebenen, für alle Verwaltungsapparate gilt: Wollen wir den Herausforderungen besser begegnen, dann geht es nicht, ohne das Resultat des Handelns von Anfang an und vor allem am Ende in den Blickpunkt zu nehmen.

Die Wahrheit auf dem Platz muss der Ausgangs- und Zielpunkt allen Handelns sein.

4

Anleitung zum Unglücklichsein: das Beispiel Bildungspolitik

In kaum einem Politikbereich sind die Folgen einer Politik, die im Wesentlichen getrieben ist von Glaubenssätzen und die versucht, über Input-Standards zu steuern, so deutlich wie in der Bildungspolitik. Das externe Zeugnis, das die erste PISA-Studie dieser Politik 2001 ausstellte, blieb weitgehend folgenlos.

Die von der OECD verantwortete Studie bestätigte damals, was vor Ort den kommunalpolitisch Verantwortlichen schon lange klar war: Das Bildungssystem integriert nicht; es lässt einen erheblichen Teil der nachwachsenden Generation insbesondere in den Großstädten ohne Perspektive zu einem wirtschaftlich eigenständigen Leben; es reproduziert Bildungsmilieus und lässt wenig Dynamik zu. Und abgesehen von dem Befund einer dramatisch schlechten Durchlässigkeit und mangelnden Gerechtigkeit des deutschen Bildungssystems konnte auch die Gesamtleistung nicht überzeugen.

Für die Städte hatte und hat dies bittere Konsequenzen. Es begrenzt nicht nur deren wirtschaftlichen Perspektiven durch fehlende Qualifikationen, sondern vermindert auch soziale Stabilität und vergrößert den Unterstützungsbedarf.

Die mangelnde Integrationskraft des Bildungssystems verfestigt überdies die räumliche Spaltung. Dem Schulsystem gelingt es insbesondere nicht, Zugehörigkeit zur Stadtgesellschaft erlebbar zu machen. Eher ist das Gegenteil der Fall: Schule ist der Ort, an dem manifestiert wird, dass Milieus mit niedrigem formellen Bildungsgrad nicht zur Mehrheitsgesellschaft gehören.

Die Städte bemühen sich mit erheblichem Aufwand, die Folgen zu mindern, indem sie – wenn sie dazu finanziell in der Lage sind – massiv in Programme zur Beschäftigung und beruflichen Bildung Jugendlicher nach der Schulzeit investieren und mit sozialen und soziokulturellen Initiativen versuchen, benachteiligte Stadtteile zu stabilisieren. Dass Deutschland bislang erfolgreicher als andere europäische Länder völlige Perspektivlosigkeit und Ausgrenzung ganzer Stadtteile verhindern konnte, hat etwas mit diesen ausgleichenden Mechanismen zu tun, die durch vergleichsweise handlungsfähige Städte verantwortet werden und seit 1999 durch das Programm »soziale Stadt« von Bund und Ländern gestützt werden.

Die oftmals mangelnde Aufstiegsperspektive durch das Schulsystem ist allerdings ein ständiger Treiber der Entmischung der Milieus in den entsprechenden Stadtteilen: Junge Familien, denen die Bildung ihrer Kinder wichtig ist, versuchen diese Stadtteile zu verlassen; solche Familien ziehen nicht zu. Die Stadtteile verlieren so Menschen, die positiv in den Stadtteil und auf die Nachbarschaft wirken.

»Es braucht die besten Schulen in den schwierigsten Stadtteilen« und »es braucht ein ganzes Dorf, ein Kind zu erziehen« sind zwei besonders beliebte Zitate und Erkenntnisse in den Reden von Landesregierungen – und: Sie sind richtig!

Leider müssen alle, die vor Ort in der Kommunalpolitik tätig sind, feststellen, dass diese Erkenntnisse nirgendwo wirklich echte Grundlage der Bildungspolitik sind. Und bis auf singuläre Beispiele wie den Rütli-Campus in Berlin sowie die erfolgreiche Hamburger Stärkung der besonders geforderten Schulen ist das nirgendwo in der Bundesrepublik Realität.

Es gibt weder die notwendigen Ressourcen für Schulen in besonders herausfordernden Lagen, um die »beste« Schule zu werden; noch gibt es eine Vorgabe, dass Schule für das »Dorf«, das heißt die Nachbarschaft, Verantwortung übernehmen muss und dieses »Dorf« im Interesse des Bildungserfolgs der Kinder orchestriert. Beiden Anforderungen stehen – trotz der verbalen Bekenntnisse – überkommene politische Logiken und Haltungen des politisch stark verankerten Systems Schule entgegen.

Konkurrenz um Ressourcen und Verweigerung von Verantwortung

Das Ziel, aus den besonders geforderten Schulen die besten Schulen zu machen, erfordert eine Umverteilung. Es ist mit einem bloßen Mehr nicht zu schaffen.

Für eine solche Ressourcenverteilung fehlt politisch bislang die Kraft. Schon deshalb bleiben die »besten Schulen« in den starken Quartieren. Aber auch der Glaube an Qualitätssicherung durch Standards führt dazu, dass die Ressourcen so verteilt werden, dass für die, die deutlich mehr bräuchten, nicht genug übrig bleibt. Besonders deutlich ist das aktuell bei den Kindertagesstätten. Auch in einem sozial völlig intakten Umfeld dürfen nach dem Willen von weiten Teilen der Politik, Eltern- und Sozialverbänden und Gewerkschaften Personal- und Ausstattungsstandards nicht in Frage gestellt werden – mit dem Ergebnis, dass dort pädagogisch am ehesten vertretbare Reduktionen unterbleiben und stattdessen überproportional viele Kinder aus sozial schwächeren Haushalten keine oder für sie nur unzureichende Angebote bekommen.

Schließlich dominieren nach wie vor Haltungen das deutsche Schulwesen, die nicht entschieden hinterfragt werden: Dazu gehören die Überzeugungen, dass die »Schule nicht der Problemlösungsbetrieb der Gesellschaft sein dürfe« bzw. die »allgemeinen gesellschaftlichen Probleme in der Schule nicht zu bearbeiten seien«. Dabei gilt eher das Gegenteil: Wo sonst ist die zukünftige Gesellschaft in ihrer Breite erreichbar? Wo sonst kann das Fundament für das Zutrauen in eine (veränderungsfähige) Gesellschaft gelegt werden?

Auch prägte die Tradition des dreigliedrigen Schulsystems die Annahme, es gäbe für alle die jeweils »richtige« Schule und Schüler:innen müssten entsprechend zur Schule passen. Die Klage über die Heterogenität der Klassen, die in der PISA-Studie, also im Quervergleich der Systeme, keine Stütze findet, tut ein Übriges. Unterschwellig lautet die Botschaft: »Die Verantwortung für den Bildungserfolg liegt nicht bei der Schule«, zumindest nicht bei der Schule, aus der der Verweis an andere Schulen, die sogenannte Abschulung, noch möglich ist.

Solange Schule nicht die Verantwortung für einen – auch mit Eltern, Nachbarschaft und sonstigen Unterstützenden – zu erzielenden Bildungserfolg übernimmt und daran gemessen wird, wird keine signifikante Verbesserung der Situation eintreten.

Im Mannheimer Stadtteil Neckarstadt-West engagiert sich die Stadtgesellschaft und die Stadt selbst für einen »Campus«, der versucht, den ganzen Stadtteil für den Bildungserfolg zu mobilisieren. Das staatliche Schulsystem reagierte darauf mit wohlwollender Annahme der Unterstützung, aber weder mit der notwendigen Übernahme von Verantwortung für das Projekt, noch mit ausreichenden eigenen Ressourcen und Anpassung von Strukturen. Durch die Besonderheit des baden-württembergischen Schulgesetzes konnten die Lehrkräfte über Jahrzehnte sogar die Einführung einer Ganztagsschule ablehnen. So ist zwar einiges durch dieses zivilgesellschaftliche Engagement bewegt worden, ein Durchbruch aber gelang bislang nicht.

Für einen solchen Durchbruch müssen Schulen verantwortlich ins Zentrum eines unterstützenden Netzwerks eingebunden sein; sie müssen selbst unternehmerisch werden, Ressourcen einfordern und mobilisieren.

Diese Haltungs- und Ressourcenfragen sind am Ende für den Erfolg oder Misserfolg eines Schulsystems entscheidender als seine Gliederung. Zwar kann die Organisation des Schulwesens sinnvolle Haltungen befördern; aber auch die »richtige« Form ist kein Garant dafür. Dies zeigte schon die erste PISA-Studie, die zudem genau deshalb die Chance geboten hätte, aus den bildungspolitischen Gräben herauszukommen: Das dreigliedrige Schulsystem in Bayern erwies sich damals als integrativer als das dreigliedrige Schulsystem in Baden-Württemberg oder das stark von der Gesamtschule geprägte Schulsystem in NRW. Was für eine Gelegenheit für eine neue, nüchterne Diskussion über Erfolgsbedingungen!

Die Chance wurde nicht genutzt.

Zu viele Gymnasien

Erfolgreiche Schulsysteme können unterschiedlich gestaltet sein. Denn die Fragen der Gliederung sind sekundär, solange nicht große Teile der Schüler:innen auf Schulen verwiesen werden, die von einer Mehrheit der Menschen als »zweitrangig«, »wenig Bildung versprechend« oder »keine Perspektiven eröffnend« gesehen werden. Dies gilt für ganze Schularten genauso wie für einzelne Schulen. Das ist allerdings die Situation in vielen Teilen Deutschlands.

Wer Bildungsgerechtigkeit will, darf es nicht hinnehmen, dass das Gymnasium in den Städten längst zur neuen »Hauptschule« geworden ist. Es ist ein Irrglaube, dass gesellschaftliche Integration über die quantitative Öffnung des Gymnasiums und bessere Integration in diese Schulart gelingt. Diese Strategie bindet dann neben mehr Schülern noch überproportional mehr Sachmittel und Personal für diese Schulart. Das hat negative Folgen für all diejenigen, die draußen bleiben. Sie werden noch stärker benachteiligt. Sie besuchen nicht die faktische »Regelschule«. Sie bekommen im Alter von zehn Jahren bescheinigt, dass es für den »Standardschulweg« nicht reicht und sie auf eine gefühlt zweitrangige Schule verwiesen werden. Und für diese Schule stehen in der Regel auch weniger Ressourcen zur Verfügung.

Zudem kommt auch ein erheblicher Teil derjenigen, die auf das Gymnasium gehen, auf diesem Weg nicht oder zumindest nicht an der Schule, die sie aufgenommen hat, zum vorgesehenen Bildungsabschluss Abitur. Über Jahrzehnte schaute ich auf die Größen der Eingangsjahrgänge und die Größen der Abiturjahrgänge an den allgemeinbildenden Gymnasien. Wie schon während der eigenen Schulzeit waren die Abiturjahrgänge noch halb so groß. Viele, die ohne entsprechende familiäre Unterstützung, aber mit durchschnittlicher Begabung aufgenommen werden, werden »abgeschult«, müssen die Schule wechseln oder müssen zumindest Klassen wiederholen. So erfahren schon junge Menschen einen biographischen Bruch.

Eine wirkliche integrative Öffnung des Gymnasiums wäre eine echte Orientierung an Leistung und nicht an sozialer Milieuzugehörigkeit bei der Aufnahme, ausreichende Unterstützung in der Schule und eine Limitierung auf einen begrenzten Teil eines Jahrgangs. Verlangt werden müsste von den Gymnasien im Gegenzug, dass sie alle Aufgenommenen auch zum maximal möglichen Bildungserfolg führen und nicht an andere Schulen verweisen.

Das würde die Möglichkeiten für einen Hochschulzugang nicht einschränken. Effektiv gilt mit hoher Wahrscheinlichkeit sogar das Gegenteil. Zu ihm führten dann verstärkt andere Schularten. Und dies würde sich mit Aufstiegs- und Erfolgserfahrungen statt mit Erlebnissen des Abstiegs verbinden.

Hinweise darauf, was erfolgreiche Schulen ausmacht, gibt die Bildungsforschung, aber genauso die praktische Erfahrung der Städte – und das in Deutschland wie international.

Daran muss sich Bildungspolitik orientieren.

Erfolgreiche Schulen sind Schulen, die über Freiheit und ausreichend Raum für Selbstorganisation verfügen. Es sind Schulen, die sich als Schule vor Ort verstehen und auf ihr Stadtquartier einlassen und die eng mit der Kommune verbunden sind. Für erfolgreiche Schulen sind Mitverantwortung und Einfluss der Kommunen hilfreich.

Wichtig sind Leitungen von Schulen, die sich als Management verstehen und dies ausfüllen können.

Ein Erfolgsfaktor sind Teams, die viele unterschiedliche Professionen vereinen. Und: In einer Einwanderungsgesellschaft sollten diese Teams die Unterschiedlichkeit der Schülerschaft widerspiegeln und Rollenvorbilder bieten, denn das macht Schulen in diversen Gesellschaften erfolgreicher.

Und nicht zuletzt: Erfolgreicher sind Schulen, die ihre Verantwortung in der Organisation von Lernprozessen verstehen. Leider scheint bis heute das auch die Bildungspolitik nicht wirklich verstanden zu haben. So wird die Digitalisierung nicht als Treiber eines Rollenwandels für Schule und Lehrkräfte gesehen, sondern als technische und organisatorische Herausforderung, neue Lehr- und Lernmittel im klassischen, unveränderten Rahmen zur Verfügung zu stellen.

Eine Bildungspolitik und ein Schulsystem, die sich konsequent an diesen Erfolgsfaktoren orientierten, würden messbar bessere Ergebnisse erzielen.

Dabei ist keine dieser Forderungen grundsätzlich abhängig davon, ob es mehr Ressourcen gibt.

Was uns hindert, sind Glaubenssätze und überkommene Vorstellungen. »Mehr vom Gleichen« ist die »erfolgreichste« Anleitung zum Unglücklichsein.

Dabei gilt einmal mehr: Veränderte Haltung und Organisation sind die Schlüssel für effektivere Politik.

5

Die Mutter aller Probleme: Das Versäumnis, Zugehörigkeit und Loyalität zusammenzudenken

Städte haben andere Erfahrungen, eine andere Haltung und eine andere DNA als der Nationalstaat. Das gilt besonders für Fragen von Migration und Integration, die seit langen Jahren zu Spannungen zwischen den Ebenen führen.

Seit Begründung des Nationalstaats haben Städte die Zuständigkeit dafür verloren, darüber zu bestimmen, wer sich in ihnen aufhält. Jedoch blieb ihnen weiterhin die Aufgabe, ein funktionierendes Zusammenleben zu organisieren, genauso wie die Verantwortung für alle, die sich in ihr aufhalten. Will man dieser Aufgabe und Verantwortung gerecht werden, ist es ein naheliegendes Ziel, allen in der Stadt Perspektiven für eine Zugehörigkeit zur örtlichen Gemeinschaft zu bieten.

Verweigerte Integration als Abschreckung

Dieses natürliche Bemühen der Städte wird absichtsvoll von den Nationalstaaten begrenzt. Sie wollen diese Zugehörigkeit und Zukunftsperspektiven für diejenigen gerade nicht, bei denen sie sich eine Ausweisung und Abschiebung vorbehalten. Diese Gruppe ist allerdings um ein Vielfaches größer als die Gruppe derer, die tatsächlich in absehbarer Zeit das Land wieder verlassen. Sie umfasst grundsätzlich alle, die über keinen gesicherten Aufenthaltsstatus verfügen.

Während für die Städte diese Menschen Teil der Stadtgesellschaft sind, gehören sie für den Nationalstaat nicht »dazu«.

Die daraus entstehende Zumutung ist für die lokale Gemeinschaft umso größer, je mehr der Staat aus Gründen der Abschreckung irregulärer Zuwanderung die Integration behindert, gleichzeitig irreguläre Zuwanderung aber weder verhindert noch für eine Durchsetzung der Ausreise sorgt. Die lokale Gemeinschaft wird belastet und badet aus, dass der Staat sich weder in der Lage sieht, überwiegend reguläre Migration in einem von ihm entschiedenen Maß zu organisieren, noch die Folge akzeptiert, dass Menschen dauerhaft gegen seine Intentionen hierbleiben.

Diese Spannung zwischen nationalstaatlichen »Abwehrstrategien« durch Verhinderung von Integration einerseits und dem lokalen Bedürfnis, die soziale Gemeinschaft zu stabilisieren, andererseits hat sich an vielen Stellen der Welt gezeigt.

Zu denken ist an Initiativen wie den Sanctuary Cities in den USA und Großbritannien, die Geflüchteten und sogenannten »Illegalen« Bildungs- und Sozialleistungen gegen den Willen der Nationalstaaten gewährten. Der Konflikt eskalierte in den USA 2019 derart, dass die Trump-Administration Städte mit dem Entzug von Fördermitteln sanktionierte.

Man erkennt das Spannungsverhältnis auch an den jahrelangen parteiübergreifenden Forderungen von deutschen Bürgermeister:innen, Geflüchteten eine schnellere Integration in den Arbeitsmarkt zu ermöglichen und Integrationsleistung durch einen Aufenthaltsstatus zu belohnen.

Und man kann sie an der Haltung italienischer und spanischer Städte, aber auch der europäischen »Sicheren Häfen« ablesen, die nationalstaatliche Unterstützung bei der Aufnahme forderten, aber gleichzeitig eine Bereitschaft zur direkten Aufnahme zeigten und sich gegen eine rein abschottende Migrationspolitik wendeten.

Zugehörigkeit und Loyalität: die kommunale Praxis

Städte verbinden mit dem Angebot der Zugehörigkeit zugleich die Anforderung an die Zuwandernden, diese Zugehörigkeit wirklich anzustreben. Erwartet wird eine Loyalität zur Stadt und zur städtischen Gemeinschaft.

Gerade internationale Krisen und Entwicklungen mit ihren auch vor Ort spürbaren Spannungen fordern diese Loyalität immer wieder von neuem heraus. Auf der lokalen Ebene wird deshalb versucht,

Verständigung und Dialoge zu organisieren, die in den aufgeregten Talkshow-Debatten als utopisch eingestuft werden. In der städtischen Situation sind jedoch Menschen, die sich nicht als perspektivlos und ausgegrenzt empfinden, auf die Frage des eigenen Beitrags für den Zusammenhalt ansprechbar. So gibt es in vielen Städten Bündnisse für ein Zusammenleben in Vielfalt.

In Mannheim umfasst dieses Bündnis tatsächlich fast das gesamte gesellschaftliche Spektrum. Seine Grundlage findet es in einer gemeinsamen Erklärung, die eine geteilte Verantwortung auch aus den historischen Erfahrungen des im 20. Jahrhundert geschehenen Unrechts in »unserer Stadt« ableitet. Sie fordert ein andauerndes Engagement gegen Diskriminierung aufgrund der sozialen oder ethnischen Herkunft, der Hautfarbe, des Geschlechts, der geistigen, psychischen oder körperlichen Fähigkeiten, des Alters, der sexuellen oder geschlechtlichen Identität, der Religion oder Weltanschauung.

Die Erklärung enthält auch eine Aussage zu den »Grenzen der Toleranz«. Dazu heißt es: »Die Anerkennung von Vielfalt kann in diesem Verständnis aber nicht grenzenlos sein. Als wesentliches Merkmal unserer freiheitlich demokratischen und pluralistischen Gesellschaft hört Toleranz dort auf, wo sich Einzelne, Gruppen, Institutionen und Strukturen in ihrer Haltung und ihrem Handeln gegen die Werte unseres Grundgesetzes sowie gegen die Werte der Allgemeinen Erklärung der Menschenrechte richten. Auf unseren Widerspruch und unseren Widerstand trifft erst recht jeder Aufruf zu Hass, Gewalt und Ausgrenzung.«

Das ist etwas grundlegend anderes als ein unreflektiertes Feiern von Vielfalt.

Es ist Arbeit, Anstrengung, Auseinandersetzung, die der so einfachen und sich selbst bestätigenden Rhetorik über die Unmöglichkeit der Verständigung und des Zusammenlebens entgegengesetzt wird.

Eine lokale Identitätspolitik

Städte haben dafür Möglichkeiten, die der Nationalstaat so nicht hat: Die Identifikation mit der Stadt und das Bekenntnis und die Loyalität zur Stadt kann vor die – unterschiedlichen – nationalen Bekenntnisse gestellt werden.

Im Dokumentarfilm »Transnationalmannschaft«, der die begeisterte Wahrnehmung des multikulturellen deutschen Nationalteams während der WM 2010 in der gleichermaßen diversen Stadtgesellschaft Mannheims beschreibt, kommt das paradigmatisch zum Ausdruck. Ein Türkei-stämmiger Junge gibt auf die Frage, für wen er in einem Spiel »Deutschland – Türkei« gerne auflaufen würde, spontan »Türkei« zur Antwort. Um nach kurzem Zögern hinzuzufügen: »Aber bei Mannheim gegen Türkei würde ich für Mannheim spielen.«

Dieses Potenzial lokaler Identität ist für kommunale Politik unmittelbar greifbar. Eine lokale Identitätspolitik kann sich deshalb ganz selbstverständlich in den Städten nicht nur in Abgrenzung, sondern in Abwehr der ethnischen und nationalen Identitätspolitiken etablieren, die das städtische Zusammenleben immer wieder belasten.

Die Stadt sei eine Ansammlung von Menschen, die hoffen, besser und glücklicher leben zu können, schrieb Giovanni Botero Ende des 16. Jahrhunderts, und dies ist in den Zeiten globaler Migration aktuell geblieben. Der Wunsch nach dem besseren Leben ist nach wie vor Triebfeder für alle, die in die Stadt kommen. Und dieses bessere Leben ist – wie der polnisch-britische Philosoph und Soziologe Zygmunt Bauman sagt – immer nur »als Ergebnis einer gemeinsamen Anstrengung« zu haben. Das muss kommunale Politik mit ihren Institutionen immer wieder verdeutlichen.

Insbesondere städtische Kulturpolitik beteiligt sich dabei nicht nur an der gemeinsamen Anstrengung, sondern auch an den Selbstbeschreibungen und Erzählungen über die Stadt. Sie konstituieren und reflektieren etwas, was die Stadtsoziologin Martina Löw als Eigenlogik der Stadt beschreibt – oder pathetischer: als Seele der Stadt. Diese Erzählungen können zugleich eine Orientierung gerade für Zugewanderte und ihre Nachkommen bieten.

Viele Städte formen bewusst ihre Identität im Sinne einer werte-orientierten Selbstbeschreibung.

Zu dieser gehören die Anerkennung der Geschichten und die Aufnahme der Biographien der Migration der Nachkriegszeit in die Stadtgeschichte(n). Dabei sind die Brüche in der Biographie der Städte, ihr Scheitern und Neubeginnen ebenso relevante Teile der erzählerischen Identitätsbildung.

Als eigenständige Säule eines gemeinsamen Bezugsrahmens von Zugewanderten und Eingeborenen muss der Zivilisationsbruch und die Neukonstitution Deutschlands und Europas auf der Basis des »Nie wieder« gesehen werden.

»Was hat das mit mir zu tun?« ist der Titel einer umfassenden und immersiven Darstellung des Nationalsozialismus und seiner Vorgeschichte und Fernwirkung im Haus der Stadtgeschichte in Mannheim. Dahinter steht die Überzeugung, dass ohne die historische Begründung und ihre Vergegenwärtigung die Berufung auf »gemeinsam geteilte Werte« Substanz, Kraft und Verständnis verliert. Das haben Städte weit früher beschrieben als die Bundespolitik nun unter dem Eindruck der gesellschaftlichen Folgen des Hamas-Terrors vom 7. Oktober 2023.

Die schädlichen Debatten

Zygmunt Bauman hat die Herausforderung und immerwährende Entscheidungssituation in Städten so formuliert: »Wir haben die Wahl, ob sich unsere Städte in Orte des Schreckens verwandeln, an denen man jeden Fremden fürchten und argwöhnisch beobachten muss, oder ob in ihnen die Tradition der bürgerlichen Höflichkeit und der Solidarität mit Fremden – fortgeführt wird, die mit jeder bestandenen Prüfung stärker wird – jetzt und in der Zukunft.« Nicht wenige in den Städten arbeiten genau daran und im Bewusstsein, dass in der superdiversen Stadt sich alle als fremd verstehen und erleben können. Diese Arbeit wird nicht nur wenig wahr- und ernstgenommen; sie wird geschwächt und konterkariert durch die nationalen, medial aufgeladenen Debatten.

Während das Angebot der Zugehörigkeit und die Loyalität (zur Stadtgesellschaft) für die lokale Politik zwei Seiten einer Medaille sind, werden sie im nationalen Diskurs als zwei eher divergente Konzepte gegenübergestellt.

Betont die eine Seite überwiegend Offenheit und Zughörigkeit, betont die andere Seite nahezu ausschließlich die Pflicht zur Loyalität, die zudem als reines Bekenntnis zum gesellschaftlichen Status quo verstanden wird.

Die ausschließliche Betonung von Offenheit und Zugehörigkeit übersieht, dass der Nationalstaat seine Zuständigkeit für die Fragen des Aufenthalts auch wahrnehmen muss. Hinzu kommt das Versäumnis, sich mit den Strukturen in der Einwanderungsgesellschaft auseinanderzusetzen, die mit einer offenen Gesellschaft unverträglich sind.

Wertschätzung und Darstellung der gesellschaftlichen Vielfalt kann als alleinige Strategie nicht funktionieren. Sie muss ergänzt werden durch eine Politik des Zusammenhalts, die die Notwendigkeit geteilter Werte betont und in diesem Rahmen von allen Seiten Anpassung an diese Wertebasis befördert.

Eine spalterische Bindung an Herkunft und religiöse Überzeugung als Abgrenzung zu dieser Wertebasis ist zu bekämpfen, genauso wie Ausbeutung von Menschen innerhalb migrantischer Strukturen. Beides wird zum Teil direkt aus dem Ausland, aber auch innerhalb der lokalen Einwanderungsgesellschaften von einigen befeuert. Hier besteht kein Raum für Akzeptanz: Wer den zentralen Wert unserer Gesellschaft ablehnt, dass niemand die Lebensführung anderer zu bestimmen hat und jeder und jede nach seiner und ihrer Façon glücklich werden kann, kann selbst nicht mit Akzeptanz rechnen.

Dieses Leitbild – Wertschätzung der Vielfalt, Stärkung der Wertebasis und Durchsetzung der Regeln – erlebbar zu machen, verlangt ein entsprechendes Bewusstsein und eine Praxis gerade auch in den staatlichen Institutionen. Dort braucht auch die Durchsetzung der Regeln mehr Aufmerksamkeit, und darf nicht im Alltag – wie so häufig – wegen des administrativen Aufwands und »wichtigerer« Aufgaben zurückgestellt werden: in Schulen, Polizei, Arbeitsverwaltung, Zoll bis hin zur Steuerverwaltung… Hier braucht die lokale Gemeinschaft die Unterstützung des Staats.

Die ausschließliche Einforderung von Loyalität andererseits übersieht – wenn sie nicht sowieso nur taktisch gemeint ist –, dass sie ohne das Angebot der Zugehörigkeit nicht erfolgreich sein kann. Der Aufenthalt in Deutschland ist für die hier schon lange Lebenden oder gar Geborenen von vornherein keine »Gegenleistung«. Und für diejenigen, die irregulär aus einem Staat zugewandert sind, in den abgeschoben werden darf, wird nicht einmal der gesicherte Aufenthalt angeboten. Denn auch erfolgreiche Integration ins Arbeitsleben und soziale Gemeinschaft schaffen nur mit viel Glück eine sichere Bleibeperspektive. Für sie gibt es in der Regel kein Angebot, sich zugehörig fühlen zu dürfen.

Die pauschale und ständig wiederholte Forderung nach Loyalität allein sendet in dieser Lage eine deutliche Botschaft des »Nichtdazugehörens«. Sie verschärft die Probleme, statt sie zu mildern: Die Rhetorik über mangelnden Integrationswillen und Loyalität trifft eben auch die, die (angeblich) nicht gemeint sind.

Vor allem aber ist die Anforderung der Loyalität nicht über Medien und durch das Reden über Zugewanderte wirksam zu postulieren. Das zementiert nur Verhältnisse, anstatt sie zu verändern. Die Ausbildung von Loyalität braucht Begegnung, Dialog, die so gerade nicht angeboten werden.

Natürlich sind gefestigte Feinde der offenen Gesellschaft unter Zugewanderten über Begegnung und Dialog kaum zu erreichen. Aber die Erfahrung vor Ort zeigt: Deren Zahl wird weit überschätzt, und eine Veränderung ist möglich.

Vor allem hat eine offene Gesellschaft durch Dialog nichts zu verlieren. Die Unterstellung der Naivität gegenüber allen, die sich um Begegnung und Dialog bemühen, und die Verweigerung des Dialogs schwächen deshalb die offene Gesellschaft wie den gesellschaftlichen Zusammenhalt. Die Ermutigung derjenigen, die ihn stärken, wäre dagegen vornehmste Aufgabe der Politik.

Nicht zuletzt muss bei der Forderung nach Loyalität klar sein, dass die Loyalität der offenen und damit veränderungsfähigen Gesellschaft gilt: Sie einzufordern, ist damit zugleich eine Einladung zur Mitgestaltung. Integration bedeutet somit Teil zu werden -mit Plichten und Rechten. Integration bedeutet: gemeinsame Zukunftsgestaltung.

Migrationspolitik, die Städten gerecht wird.

Der nationalen Politik fehlt es am lokalen Pragmatismus und einem entsprechend nüchternen Blick auf die Ergebnisse der vergangenen Jahrzehnte: Weder Ausgrenzung einerseits noch Distanz zur offenen-demokratischen Gesellschaft anderseits haben wir in einem wünschenswerten Maß vermindert. Zuwanderung wie Schutzgewährung basieren im Wesentlichen auf der Zufälligkeit der irregulären Einreise. Gleichzeitig fehlt ein glaubwürdiges Aufstiegsversprechen: Für besonders Ambitionierte ist Deutschland ein bedingt attraktives Ziel.

Der aktuelle Stand kann somit weder als Hilfe für Verfolgte noch in seinen wirtschaftlichen und gesellschaftlichen Ergebnissen befriedigen. Dennoch schafft es die nationale Politik nicht, die bekannten Muster in der öffentlichen Debatte zu verlassen, selbst wenn einzelne Positionswechsel vorgenommen werden.

Für die Kommunen und den gesellschaftlichen Zusammenhalt braucht es aber zwei deutliche Änderungen:

1. Wer hier ist, muss auch gesellschaftlich integriert werden können und dürfen.
2. An die Stelle einer Abgrenzung betonenden muss eine an Werten orientierte Rhetorik treten, die Zugehörigkeit stärkt und alle Wohlmeinenden einlädt.

Da mangelnde Integrationsmöglichkeiten und ausgrenzende Rhetorik Ersatzhandlungen für das Fehlen einer pragmatischen und zugleich humanen Migrationspolitik sind, liegt in ihr – nüchtern betrachtet – der Schlüssel für diese Änderung.

Allerdings wird eine solche Migrationspolitik nur dann Realität, wenn auch hier alle notwendigen Dimensionen gleichermaßen angesprochen werden.

So kann eine konsequentere Sicherung der Außengrenze nur dauerhaft wirksam sein und Akzeptanz finden, wenn sie mit erweiterten Möglichkeiten der legalen Zuwanderung verbunden wird. Zwar setzt das neue Fachkräfteeinwanderungsgesetz richtige Impulse, seine Wirksamkeit wird sich jedoch erst erweisen müssen. Für die allermeisten eröffnet es aber nicht einmal eine kleine Chance auf Zuwanderung. Dafür bräuchte es andere Verfahren, die mehr Qualifikationen anerkennen oder erwerben lassen, Wartezeiten, Berufsvorbereitungen und Sprachkurse berücksichtigen, z.B. für die Zulassung zu Losverfahren. Das würde die Aufnahme erleichtern und mehr Menschen eine realistische Chance geben.

Genauso muss eine weit bessere Durchsetzung der Ausreisepflicht durch Vereinbarungen mit Drittstaaten kombiniert werden mit der Schaffung humanitärer Korridore für Flüchtlinge – nach der Feststellung des Flüchtlingsstatus durch UNHCR, EU oder die Bundesrepublik selbst.

Und nicht zuletzt ist eine glaubwürdigere Anstrengung zur Bekämpfung der Flucht- und Migrationsursachen nötig, die auch durch deutlich ausgeweitete Programme von Städte-Kooperationen erfolgen kann. Und dies gilt auch für eine substanziellere Unterstützung der Länder der sogenannten »ersten Ankunft« wie Jordanien, Türkei und Uganda.

Solche direkte Unterstützung schafft Verständnis und hat überdies eine breite gesellschaftliche Akzeptanz. So befürworteten in Mannheim tatsächlich alle Parteien die Unterstützung der türkischen Stadt Kilis bei der beruflichen Bildung geflüchteter syrischer Frauen.

Eine derart geänderte Praxis würde einerseits zeigen, dass Hilfe und Migrationspolitik kompetent gemanagt werden, und andererseits die Kommunen stärken. Gepaart mit einer Integrationspolitik, die Loyalität und Zugehörigkeit zusammendenkt, würden wir Zusammenhalt stärken sowie Humanität und Offenheit wirklich bewahren.

6

Wir konnten auch anders: über das Missverständnis der Politik als Dienstleistung

Zu den Besonderheiten der lokalen Politik gehört es, dass grundlegende gesellschaftliche Veränderungen früher sichtbar werden. Und früh sichtbar werden damit auch die Reaktionsmuster des politischen Betriebs selbst.

Die tektonischen Verschiebungen, die heute an den durch ihre Radikalisierung noch befeuerten Wahlerfolgen der AfD ablesbar sind, waren dort schon vor fast eineinhalb Jahrzehnten spürbar. Hier schlugen die Seismographen früher aus und zeigten bei einem durchaus »bürgerlichen« Teil der Gesellschaft eine irritierende Distanz zur repräsentativen Demokratie und ihren Institutionen.

Es war daher kein Zufall, dass als Erstes eine überwiegend kommunale Debatte sowohl Feuilleton wie Politik die Frage stellen ließ, was in unserer Gesellschaft fundamentalen Protest und eine Atmosphäre der Unversöhnlichkeit befeuert: Stuttgart 21.

Zugleich hat das Auftreten von Protest und Abwendung in kommunalen Zusammenhängen die Bedeutung der Entwicklung unterschätzen lassen. Viele meinten, es mit lokaler Folklore zu tun zu haben.

Schon damals traten jedoch schon Bündnisse ganz unterschiedlicher Milieus zutage, die sich neben ihrer Ablehnung eines konkreten Projekts durch Einigkeit darüber auszeichneten, dass sie von den das Projekt befürwortenden Institutionen »betrogen« würden.

Und auch die Politik vor Ort nahm überwiegend die aktiv betriebene Erosion des Zutrauens in die Demokratie und ihre Institutionen nicht wirklich ernst. Politische Parteien und Wählervereinigungen vor Ort boten sich selbst als Plattformen und Unterstützer für eine Rhetorik der Abwertung von Politik und Institutionen an.

Sie übersahen, dass die Verschiebungen des Diskurses die Angreifbarkeit und Empfindlichkeit der demokratischen und rechtsstaatlichen Institutionen erhöht hatten. Denn was vor Jahren und Jahrzehnten und vor dem Hintergrund einer unverbrüchlichen Fortschrittsüberzeugung und Erwartung ständiger Ausweitung von demokratischen Prozessen an Staatskritik formuliert wurde, hat in heutigen gesellschaftlichen Konfliktlagen eine völlig andere Wirkung und Bedeutung. Der damals stabile oder zumindest nicht hinterfragte Konsens, dass bis auf extremistische Randerscheinungen alle politischen Alternativen im Rahmen der Anerkennung von (repräsentativer) Demokratie und Rechtsstaatlichkeit angeboten werden, existiert nicht mehr. Längst stehen Demokratie und Rechtsstaatlichkeit selbst zur Debatte. Niemand kann mehr davon ausgehen, dass sie unbegrenzt belastbar sind.

Willensbildung ohne Parteien

Die Abwendung vom etablierten politischen System trifft dabei Parteien, deren Kapazitäten bereits deutlich nachgelassen haben. Sie können vor Ort ihrem Verfassungsauftrag, an der Willensbildung des Volkes mitzuwirken, schon länger kaum noch nachkommen. Die deutlich geringere quantitative Verankerung der Parteien untergräbt ihre Kampagnenfähigkeit und reduziert ihre Sichtbarkeit. Selbstbewusstsein und Bereitschaft, sich überhaupt als Parteimitglied auf der Arbeit, im Verein oder in anderen Zusammenhängen zu erkennen zu geben, schwinden.

Auf der nationalen Ebene ist die gravierende Veränderung der letzten Jahrzehnte weniger sichtbar: Parteitage sind aus Gründen der medialen Inszenierung eher größer geworden, die Budgets für Kampagnen nicht kleiner. Das sind aber nicht die Formate, die tatsächlich die vom Grundgesetz gesehene Rolle der Parteien als notwendiges strukturierendes Element für die Willensbildungsprozesse ausfüllen.

Das hat zwei Folgen:

Die Vorstrukturierung von Willensbildungsprozessen läuft anders oder ist entfallen. Dabei ist fraglich, ob die Lücke dieser durch Parteien organisierten Willensbildungsprozesse durch andere Instanzen gefüllt worden ist. Hier ist unter Umständen eine Leerstelle, für die neue Strukturen entwickelt werden müssen.

Für die Parteien vor Ort hat dies die Tendenz verstärkt, statt als gestaltende Kraft in die Gesellschaft zu wirken, reaktiv Stimmungslagen aufzunehmen. Wo Zustimmung scheinbar kaum noch durch direkte Ansprache erarbeitet werden kann, liegt der Versuch nahe, Zustimmung durch Nähe und die Widerspiegelung schon vorhandener Befindlichkeiten zu erreichen. Politik wird so zur Dienstleistung.

Verstärkt wird dies durch diejenigen, die über lange Jahre das Versprechen von »mehr Demokratie« weniger als konsequente Ausweitung demokratischer und rechtsstaatlicher Prinzipien in den verschiedenen gesellschaftlichen Bereichen von Betrieb über Schulen bis zur Familie verstanden haben, sondern als Versprechen einer Gestaltung von Politik »von unten«. Dabei hat sich zugleich der Begriff »unten« verändert. Er wird nun von einigen als Synonym verwendet für die, die sich nicht zum politischen oder administrativen System zählen.

Das führt zu – sagen wir – »befremdlichen« Situationen: In Bürgerversammlungen oder Sitzungen von

Stadtbezirksgremien können heute brachiale verbale Attacken von Wohlsituierten und Einflussreichen gegenüber Mitarbeitenden der Verwaltung beobachtet werden. Sie werden mit einer Notwehrrhetorik gegenüber einer übergriffigen Bürokratie vorgebracht, der von den anwesenden politischen Repräsentanten oft nicht widersprochen wird. Rhetorisch wird diese Respektlosigkeit eher bestärkt als zurückgewiesen, in dem das »inhaltliche Anliegen« geteilt oder die Ausfälle als »nachvollziehbarer Zorn« und Wiedergabe der öffentlichen »Stimmung« bewertet werden.

Oft traten in den letzten Jahren Mitglieder der Kommunalvertretungen gar nicht mehr als Verantwortliche auf, die eigene Erkenntnisse und vor allem Entscheidungen offensiv vertreten. In kritischen Situationen, die eine eingeforderte »Lösung« nicht ermöglicht, distanzieren sich viele von den Institutionen und Prozessen. Sie signalisieren beispielsweise, dass sie nicht Teil der Verwaltung seien, sie selbst »gegen Windmühlen ankämpfen« würden.

Nehmen kritische Diskussionen – wie so häufig – erst nach einer Entscheidung der Ratsgremien Fahrt auf, wird die Verteidigung der Beschlüsse allein an die Verwaltung delegiert.

Es ist eine Strategie der Konfrontations- und Schmerzvermeidung, die im Einzelfall oft verständlich ist, im Gesamten aber systematisch Zutrauen und Respekt mindert.

Ohne eine Besinnung auf das Wesen der Politik in Gremien und des politischen Mandats gibt es keinen Ausweg aus dem Dilemma dieses sich selbst verstärkenden Autoritätsverlusts.

Dabei sind das zweifellos keine neuen Fragen. Die Auseinandersetzung über die Rolle der in der demokratischen Politik Tätigen ist vielmehr so alt wie die moderne Demokratie selbst. Das Spannungsverhältnis zwischen Repräsentanten und Repräsentierten muss immer wieder bearbeitet werden. Das scheinen wir vergessen zu haben.

Wo es an der Erkenntnis fehlt, dass auf Repräsentanz – trotz aller ergänzenden Methoden der Beteiligung – nicht verzichtet werden kann, kann auch keine Wertschätzung für sie entstehen. Sie kann auch nicht wesentlich darauf gründen, ob die Vertretenen sich »bedient« sehen. »Bedient werden« ist etwas fundamental anderes als »vertreten sein«, und »vertreten sein« meint mehr, als die eigenen geäußerten Interessen artikuliert zu sehen.

Die Zumutungen schwieriger Aushandlungsprozesse und von Veränderungen sind keine Schlechtleistung, für die es sich zu entschuldigen gilt, sie sind der eigentliche Gegenstand von Politik.

Das ist die zentrale Paradoxie des politischen Betriebs: Erst das Wagnis des Widerspruchs und damit die Bereitschaft, das eigene Mandat in die Waagschale zu werfen, schafft Respekt und Zutrauen.

Dies ist nicht neu, und die Überwindung, die dies kostet, ist immer wieder beschrieben worden. Schon 1955 bezeichnete John F. Kennedy in seinem gleichnamigen Buch »Zivilcourage« als wichtigste Eigenschaft für politisch Handelnde. Er ist damit nahe an Max Webers Bild der Politik in seinem berühmten Vortrag »Politik als Beruf«, der diejenigen feiert, die in der Lage sind, zu sagen »hier stehe ich, ich kann nicht anders«.

Und auf noch eine Paradoxie gilt es die richtige Antwort zu finden. Wissen und Kenntnis über das Funktionieren von Politik sind als minderwertig gegenüber sonstigen beruflichen Kenntnissen konnotiert worden. Dabei kann gerade auf der kommunalen Ebene besonders deutlich nachvollzogen werden, dass die Betrachtung der »Politik als Beruf« wiederzubeleben ist. Gerade das Bild der »abgehobenen« Volksvertretung verlangt Qualifikation als Antwort. Nicht Rückzug und Anpassung, sondern mehr Dialog, Auseinandersetzung mit Argumenten und Erklärung der eigenen Position sind anspruchsvolle Leistungen, die Politik erbringen muss.

1774 – vor 250 Jahren – hat sich Edmund Burke als Abgeordneter an seine Wähler in Bristol gewandt und die hier beschriebenen Anforderungen an alle, die ein demokratisches Mandat ausüben, formuliert: »Es sollte das Glück eines Volksvertreters sein, in engster Verbindung, völliger Übereinstimmung und rückhaltlosem Gedankenaustausch mit seinen Wählern zu leben. Ihre Wünsche sollten für ihn großes Gewicht besitzen, ihre Meinung seine hohe Achtung, ihre Interessen seine unablässige Aufmerksamkeit… Doch seine unvoreingenommene Meinung, sein ausgereiftes Urteil, sein aufgeklärtes Gewissen sollte er weder euch, noch irgendeinem Menschen oder irgendeiner Gruppe von Menschen opfern. Euer Abgeordneter schuldet euch nicht nur seinen ganzen Fleiß, sondern auch einen eigenen Standpunkt; und er verrät euch, anstatt euch zu dienen, wenn er ihn zugunsten eurer Meinung opfert.«

Und Edmund Burke verwies weiter darauf, dass diejenigen entscheiden sollten, die an der Debatte auch teilgenommen und die Argumente gehört haben.

Ist das in unseren Ohren unerträglich arrogant, oder fehlt uns ein Bewusstsein für diese Selbstverständlichkeiten und die Kraft, sie auszusprechen?

Es besser zu machen, setzt voraus, dass die Zustimmung zur Partei oder zur Person nicht der alleinige Maßstab für politischen Erfolg ist. Und es verlangt Mut – eben die beschriebene »Zivilcourage«.

Bewusstseinsbildung, öffentliche Reflexion über die Rolle der Politik, eine infrastrukturelle Stärkung der Parteien bzw. der politischen Willensbildung vor Ort sowie ernsthafte Investitionen in die Ausbildung von Menschen für ein Engagement in der Politik sind Elemente, damit sich demokratische Institutionen aus der Defensive herausarbeiten können.

Aber der politische Sektor allein kann sich nicht wie Münchhausen am eigenen Schopf aus dem Sumpf ziehen. Ohne ergänzende Reformen und Strukturen, die Stärkung der Dialog- und Kompromissfähigkeit und die Ausbildung von Maßstäben für gute Politik und ihre Voraussetzungen in Medien und Gesellschaft wird es nicht gehen.

7

Zurück und in die Zukunft: Wieso wir eine neue Agora bauen müssen

Die Entwicklungen und Reaktionsmuster der Politik spiegeln sich auch in der massiven Veränderung der Medienlandschaft, die ebenfalls kommunal noch viel sichtbarer ist als auf nationaler Ebene. Lokale Zeitungen und regionale Medien sind unter einem enormen ökonomischen Druck, sie verlieren parallel Werbekunden und Einnahmen sowie Reichweite für ihr umfassendes Angebot, was längst auch für die politischen Akteure spürbare Wirkungen hat.

Der fatale Druck der sozialen Medien

Die Verschiebung des individuellen Zeitbudgets weg von den traditionellen in die sozialen Medien, deren fehlende Qualitätssicherung und durch Algorithmen getriebene Blasenbildung, ihre Befeuerung von Empörung und Ressentiments sind schon oft beklagt worden.

Die Verluste, die sie den angestammten Medien zufügen und deren Folgen sind jedoch mindestens ebenso relevant und weit weniger im Fokus der öffentlichen Debatte.

Schon jetzt entstehen mediale »Wüsten« in kleineren Kommunen, in denen gar keine gedruckte Zeitung mehr das lokale Geschehen abdeckt. Schon 2025 wird dies wohl für 40 % der 11 000 Kommunen in Deutschland der Fall sein.

Gravierend ist die veränderte Ökonomie der Medienbranche, weil sie sich in Qualitätsverlusten und neuen Strategien der Anpassung statt Aufklärung niederschlägt. Den Bedarfen der lokalen Demokratie wird so immer weniger Rechnung getragen.

So nimmt die Zahl der gut informierten und erfahrenen Journalist:innen ab, die den Kommunalverwaltungen und politisch Aktiven gegenüberstehen. Die heute durchaus alltägliche Frage an Oberbürgermeister:innen am Ende eines Termins, ob sie sich und ihre Funktion zur Sicherheit noch einmal kurz vorstellen könnten, wäre zu Beginn des Jahrtausends undenkbar gewesen.

Neben einem Verlust an Qualität und Kapazität sind aber auch die Anpassungsmechanismen an Tempo und Emotionalität der sozialen Medien erkennbar. Ähnlich wie in Parteien und Fraktionen auf kommunaler Ebene werden auch in Redaktionen Reaktionen in den sozialen Medien oft ohne Einordnung wiedergegeben, zum Teil übernommen und die vermutete »Stimmung« bis in den Kommentar reproduziert.

Selbst bei einer in den Redaktionen vorhandenen kritischen Distanz zu den sozialen Medien ist die schon ökonomisch naheliegende Leitfrage »Was funktioniert im Netz?« doch das Einfallstor für die Übernahme der Muster der dortigen Kommunikation.

»Reichweitenerhöhung« lautet das Schlüsselwort. Das ist zwar nicht neu, doch hat hier die Konkurrenz der sozialen Medien auch die Maßstäbe für die lokalen Medien verschoben. Will man den Anzeigenkunden Reichweiten nachweisen, kann man sich den Mechanismen des Clickbaiting, der Jagd nach Klickzahlen im Online-Geschäft, nicht entziehen.

Überschriften für das Netz werden zum Teil von damit eigens befassten Redakteur:innen verfasst und unterscheiden sich häufig von denen der Print-Ausgabe. Lautet beispielsweise die Zeitungsüberschrift zu Jahresergebnis und Investitionsplanung des örtlichen Energieversorgers »(Energieversorger) … erhöht Tempo«, wird derselbe Artikel im Netz mit »Wie viel die Stadt vom Rekordgewinn einstreicht« überschrieben.

Diese zuspitzenden Überschriften stellen für alle vor der Bezahlschranke die einzige Information über die Berichterstattung dar. Und diese ist oftmals nicht nur weit entfernt von den wesentlichen Aussagen des Artikels, sondern erreicht zugleich ein Vielfaches der Menschen. Für das aktive Moderieren der dann ausgelösten (Empörungs-)Debatten auch auf den eigenen Social-Media-Seiten der Zeitungen fehlt wiederum die Bereitschaft, ausreichende Kapazitäten einzusetzen, da hier allein Kosten produziert werden.

Der lokale Abschied von der vierten Gewalt

Und auch in den lokalen Medien gibt es – wie in der Kommunalpolitik – die Strategie, der sinkenden Reichweite dadurch entgegenzuarbeiten, dass man sich als Dienstleistende versteht. Service und Zustimmung statt Aufklärung und Anregung geraten so in den Fokus der alltäglichen Arbeit und des Ressourceneinsatzes.

Die Positionierung von Medien als »Anwaltschaft« ihrer (potenziellen) »Kund:innen« ist ein Zeichen dieser Entwicklung. Die Treue zum eigenen Medium soll durch Unterstützung für einzelne Anliegen sichergestellt werden. Dabei ist guter Journalismus keine Dienstleistung für die Einzelnen, sondern Leistung für die Gesellschaft. Anders entsteht die Gefahr, dass Medien selbst ebenso »Filterblasen« werden und lediglich Bestätigung bereits sich herausbildender Urteile liefern, wie es die sozialen Medien tun.

Verantwortliche Medien müssen uns jedoch etwas abverlangen – und zwar die Auseinandersetzung mit Fakten, Argumenten und anderen Sichtweisen. In der Medienlandschaft vor Ort gibt es kaum einen funktionierenden »Außenpluralismus«, also eine Vielfalt der Meinungen durch eine Vielfalt der Medien. Die lokalen Medien erhalten so eine Rolle der

Grundversorgung mit der damit einhergehenden Verantwortung.

Die kompetente Darstellung und Einordung von Ereignissen sind lokal wichtige Grundlagen des öffentlichen Diskurses. Genau dazu fehlt heute oft die Kapazität. Und diese Lücke kann im gegebenen wirtschaftlichen Rahmen nicht geschlossen werden.

In der Folge müssen die tiefgehende Recherche und Auseinandersetzung auf wenige Themen konzentriert werden. Um sich mit Exklusivität als Medium relevant zu halten, werden zusätzlich Kapazitäten verwandt, eigene Formate zu kreieren.

Lokale Medien lösen sich damit mehr und mehr vom offiziellen öffentlichen Geschehen, denn der Gedanke einer »Chronistenpflicht« muss schon aus Kapazitätsgründen relativiert oder in Frage gestellt werden. Das Besuchen von Veranstaltungen und Pressekonferenzen wird als »Terminjournalismus« zum Konzept des letzten Jahrhunderts erklärt, ohne dafür neue Aspekte in die Debatte einzuführen, die über das vor Ort schon Vertretene hinausgehen; die breite Abdeckung des kommunalen Geschehens mit journalistischer Kompetenz wird unter den Zwängen aufgegeben.

In dieser Situation müssen sich wiederum Verwaltungen professionalisieren, um selbst Informationen an die Bürgerschaft transportieren zu können, weil ihre Botschaften nicht mehr dieselben wirkungsvollen Vermittler haben.

Die lokalen Zeitungen andererseits interpretieren diese Entwicklung als Angriff auf sich und ihre ökonomische Basis. Das Unverständnis zwischen lokalen Medien und kommunaler Politik nimmt zu. Die steigenden rechtlichen Auseinandersetzungen zwischen Verlagen und Städten über die Grenzen der kommunalen Öffentlichkeitsarbeit legen von diesem strukturellen Konflikt beredtes Zeugnis ab.

Demokratie braucht Räume

Die Entwicklung ist nicht am Ende. Qualitätsoffensiven der lokalen und regionalen Medien werden die Trends vielleicht verlangsamen, aber weder das Reichweitenproblem lösen noch die Zuspitzung von Debatten aufhalten. Die Kommunen selbst können zwar mehr Information über ihre Aktivität zur Verfügung stellen, aber aus verfassungsrechtlichen Gründen der Stadtgesellschaft keine Plattformen der Darstellung und Diskussion bieten.

Das alles ist ein massives Problem für die lokale Demokratie, die ja zu Recht als Fundament beschrieben wird. Denn Demokratie ist mehr als schlichte »Herrschaft der Mehrheit«, diese Herrschaft muss auf fairer Debatte und auf Argumenten basieren.

Auch ist die Stadt nicht zuletzt ein Ergebnis bürgerschaftlichen Engagements und politischer Gestaltung, die umso eher am Gemeinwohl orientiert ist, je mehr Wissen über die Stadt geteilt werden kann.

Dafür braucht es Räume. Das ist die idealtypische

Idee der Agora, des Marktplatzes der griechischen Stadt, auf dem die lokalen Angelegenheiten besprochen werden. Natürlich kann sich das in Städten heute nur mit einer Reihe unterschiedlicher, in ihrem Anspruch aber inklusiver Räume konstituieren. Die lokale Tageszeitung – digital oder gedruckt – ist dabei unverzichtbar als einer dieser Räume. Denn die Vielzahl neuer Kanäle bietet keinen Ersatz; sie fragmentieren anstatt zusammenzuführen.

Dieser gefährdete Raum für lokale Diskussion ist Teil unserer europäischen, demokratischen Kultur, die damit zur Debatte steht. Für Homer war das Fehlen einer Agora gar ein Hinweis auf Recht- und Gesetzlosigkeit. Auf jeden Fall gilt aber: Ohne Agora keine politische Gemeinschaft.

Sich politisch mit dem Schwinden der Agora und den Verlusten in der lokalen und regionalen Medienlandschaft zu befassen, ist deshalb überfällig – allerdings fühlt sich dafür niemand zuständig. Doch angesichts der Bedrohung eines zentralen Eckpfeilers unserer Demokratie darf die Entwicklung nicht weiter als nicht beeinflussbares marktwirtschaftliches Geschehen hingenommen werden.

Neue gemeinnützige Plattformen jenseits des Wettbewerbs mit großem Aufwand zu schaffen, ist dabei ersichtlich keine erfolgversprechende Strategie. Und ob bezuschusste »local community reporters« wie in Großbritannien wesentliche Wirkung erzielen können, scheint zweifelhaft. Naheliegender ist es, die bestehenden Strukturen durch neue, öffentliche Finanzierungsinstrumente zu stärken. Das mag mit Beiräten, die nicht zwingend lokal besetzt sein müssen, flankiert werden.

Sachliche Information, Einordnung und kritische Reflexion sind öffentliche Güter, die gesichert werden müssen. Und das Funktionieren der »vierten Gewalt«, die der Gesellschaft Selbstreflexion und Diskussion ermöglichen muss, darf dabei nicht allein am nationalen Maßstab bemessen werden. Die Beschwörung der grundlegenden Funktion der lokalen Demokratie bliebe sonst nur Gerede.

8

Böser Staat und gute Bürger: die falschen Narrative der Beteiligung

So viel Beteiligung wie heute war nie. Schon in einer mittelgroßen Stadt vergeht kaum eine Woche, ohne dass nicht mehrere Dialogveranstaltungen, Planungsrunden, Workshops mit eingeladener Bürgerschaft stattgefunden hätten. Und das ist kein Vergleich zur Situation von vor 25 Jahren. Und das hat gute Gründe: Beteiligung sichert Entscheidungsqualität und befördert häufig Verantwortungsübernahme durch am Verfahren Beteiligte. Das gilt sowohl für Planungen wie die Gestaltung eines Platzes als auch für offene Verfahren, bei denen konkrete Projekte erst entwickelt werden, um insbesondere Problemstellungen in Nachbarschaften und Stadtteilen anzugehen. Und im besten Fall kann Beteiligung auch Akzeptanz von Entscheidungen steigern.

Die Erwartung jedoch, dass Bürgerbeteiligung automatisch Demokratie stabilisiert, erfüllte sich nicht. Und auch die Hoffnung mancher, dass Beteiligung per se gesellschaftlichen Fortschritt befördert, hat schwere Dämpfer erlitten. Dennoch gehört es zum Repertoire nahezu aller politischen Kräfte –

nicht nur vor Ort – *mehr* Beteiligung einzufordern.

Dem liegen drei verbreitete Fehlannahmen zugrunde: Es ist zum einen die Vorstellung von der »unfertigen« Demokratie. Es ist zum anderen das Bild vom moralisch überlegenen zivilgesellschaftlichen Handeln, das den mächtigen Staat korrigieren muss. Und zuletzt die Annahme, dass alle wissen und darin übereinstimmen, was Demokratie bedeutet.

Alle drei führen dazu, Beteiligung unreflektiert auszuweiten, anstatt genau in den Blick zu nehmen, was im Detail Demokratie stärkt und was sie schwächt.

Beteiligung ist keine Reparatur der Demokratie

Viele sehen jede Bürgerbeteiligung als Mehr an Demokratie. Dabei schaffen Beteiligungsverfahren zunächst einmal strukturell ein demokratisches Problem: Sie sind tendenziell exklusiv und nicht inklusiv. Sie verlangen Zeit, Motivation, Artikulationsfähigkeit und schließen diejenigen eher aus, die darüber nicht verfügen.

Gleichen Kommunen diese strukturellen Benachteiligungen mit aufwendigen Verfahren aus – durch Losverfahren, gezielte Einladungen, intensive Moderation oder Befragungen –, gefährdet das die Akzeptanz oft bei denjenigen, die ein Beteiligungsverfahren eingefordert haben. Schnell steht der Vorwurf der »gelenkten« Demokratie im Raum.

Ein Beteiligungsverfahren, das gleichermaßen objektiv als auch in den Augen der Beteiligten die Legitimation einer nachfolgenden Entscheidung stärkt, weil sie *demokratischer* ist, ist also schwer zu gestalten.

Auch Bürgerentscheide können als Stärkung der Demokratie in der Praxis wenig überzeugen. Sie befrieden und beenden die Debatten überwiegend nur bei Ablehnung von Projekten. So wurde die mit einer denkbar knappen Entscheidung 2013 befürwortete Bundesgartenschau in Mannheim bis zum Eröffnungstag im April 2023 immer wieder von neuem fundamental in Frage gestellt. Der Entscheid hatte keine Befriedungswirkung. Und das ist kein Einzelfall.

Gelingt schon Befriedung oft nicht, verzehren Bürgerentscheide überdies häufig Vertrauen und soziales Kapital. Sie führen in kleinen wie in großen Orten oftmals zu tiefgreifenden Zerwürfnissen, wie sie kaum eine Wahlentscheidung mit sich bringt. Im beschaulichen Kirchzarten entzweite beispielsweise der – ablehnende – Bürgerentscheid über eine mögliche Mountainbike-Strecke trotz aufwendiger Moderation und deliberativer Diskussionsprozesse bis in die Familien hinein. Und auch das ist wahrlich kein Einzelfall.

Eine Strategie, die Demokratie durch direkte Entscheidungen der Bürgerschaft stärken will, darf deshalb nicht blind sein dafür, mit wie viel Aufwand und Risiken sie verbunden ist. »Einfach mal machen« ist das falsche Rezept.

Die Debatte um die direkte Demokratie hat überdies eine Nebenwirkung: Sie erzeugt leicht das Bild, dass der demokratische Alltag in den gewählten Gremien eine mindere Form der Demokratie sei. Der Mannheimer Politikwissenschaftler Peter Graf Kielmansegg hat zu diesem Missverständnis zu Recht ausgeführt, dass die repräsentative Demokratie keine Notmaßnahme sei, weil man nicht alle Bürgerinnen und Bürger befragen könne, sondern ein staatliches Konzept, das Demokratieprinzip und Amtsgedanke zusammenführt.

Darüber besteht nicht nur kein Konsens. In weiten Teilen von Öffentlichkeit, Politik und Medien besteht nicht einmal ein Bewusstsein, dass hier ein Problem liegen könnte. Das braucht Korrektur: Auch wenn sich die repräsentative Demokratie weiterentwickelt und Erweiterungen direkter Demokratie denkbar sind; der Kern des repräsentativen Gedankens, dass Menschen stellvertretend und möglichst auf Basis der Herrschaft des Arguments verpflichteter Debatten Entscheidungen treffen, ist zu schützen und wertzuschätzen.

Die Überhöhung der Zivilgesellschaft

Das »Mehr Demokratie wagen« Willy Brandts meinte nicht die Überwindung der repräsentativen Demokratie. Gemeint war vor allem die Ausweitung des demokratischen Gedankens, der Mitsprache, der Rechenschaftspflicht und Kontrolle von Macht auf andere gesellschaftliche Sektoren jenseits des Staates. Willy Brandt war darüber hinaus nur zu bewusst, dass die Stabilität der demokratischen und rechtsstaatlichen Institutionen zentrale Bedeutung für die Bewahrung von Humanität und Gerechtigkeit hat. Und er wusste aus leidvoller Erfahrung von den Bedrohungen von Rechtsstaat und Demokratie aus der sogenannten Zivilgesellschaft heraus.

Insofern ist es geschichtsblind, wenn das Bild vom mächtigen Staats- oder Verwaltungsapparat und der unterlegenen Bürgerschaft gepflegt wird und dabei dem Engagement und Protest per se eine ethische Dimension zugeschrieben wird.

Das ist schon deshalb irreführend, weil die meisten Konflikte, die hinter der offensichtlichen Auseinandersetzung Betroffene / Kommune stehen, strukturelle Interessenkonflikte zwischen Gruppen der Gesellschaft sind. Oft nimmt sich dabei die Kommune der Interessen der Schwächeren an. Sobald sie dies tut, drehen sich aber die Wahrnehmungen um; aus dem eigentlichen Interessengegensatz »Starke / Schwache«, wird eine Auseinandersetzung »unten« gegen »oben«. Die Kommune beseitigt Parkplätze, um mehr Raum zu schaffen, damit sich Menschen mit Rollatoren und Kinderwägen vernünftig bewegen können. Thematisiert wird aber ein obrigkeitsstaatlicher Eingriff.

Auch sind die beschriebenen »Kräfteverhältnisse« zwischen Verwaltung und Interessengruppen aus der Bürgerschaft eine Verzerrung, die mit der Realität vor Ort wenig zu tun haben. Denn diese – selten beschriebene – Realität stellt sich in vielen Auseinandersetzungen häufig genau umgekehrt dar: Dies gilt zum einen für die einsetzbaren Mittel im Kampf um die öffentliche Meinung wie für die Ressourcen.

Die unterschiedliche Wahrnehmung und Bewertung des Verhaltens der beiden Seiten erlaubt es häufig den zivilgesellschaftlich Engagierten, Methoden und Argumente zu verwenden, die ihnen als »strukturell Unterlegene« einseitig zugebilligt werden. Davids Schleuder ist dem »Goliath« Verwaltung von vornherein verwehrt.

Auch die zum Teil sogar größeren zeitlichen und fachlichen Kapazitäten der bürgerschaftlichen Initiativen mit ihrem hohen, oft im Ruhestand befindlichen Anteil von Akademikern (hier ist die männliche Form angebracht) schaffen eine Asymmetrie der Auseinandersetzung. Einzelnen Sachbearbeiter:innen und Gutachter:innen mit einem begrenzten Zeitbudget stehen häufig jahrelang in Auseinandersetzungen erfahrene Akteure mit exzellenten Zugängen zu lokalen Medien und politischen Gremien gegenüber.

Diese Situation wird durch die Ausweitung von Rechten und Möglichkeiten der Einzelnen wie z.B. durch Informationsfreiheitsgesetze und Petitionsplattformen, die in den Verfahren parallel zu den sowieso vorgesehenen Beteiligungs- und Widerspruchsmöglichkeiten zur Anwendung gebracht werden können, noch verstärkt.

Entgegen den formulierten Erwartungen erhöhen diese neuen Möglichkeiten die Legitimation und Akzeptanz der Verfahren nicht. Es können vielmehr immer neue Anlässe für öffentliche Berichterstattung geschaffen werden. Da die Komplexität und Fehleranfälligkeit der Prozesse zunehmen, kann in praktisch jedem Verfahren der mediale Eindruck erzeugt werden, dass »etwas nicht stimmt« und die Verwaltung weder ihr Handwerkszeug noch demokratische Gepflogenheiten beherrscht. Worum es materiell eigentlich geht, tritt oft in den Hintergrund.

Das fehlende gemeinsame Verständnis von Demokratie

Besonders irritierend ist, wie wenig thematisiert wird, dass es den Beteiligten im Regelfall an einem gemeinsamen Grundverständnis von Demokratie fehlt.

Spätestens seit »Demokratie« und »Beteiligung« auch Schlagwörter derer geworden sind, die Demokratie absichtsvoll unterminieren wollen, müsste verstanden werden, dass bei jedem Sachthema die Demokratie selbst mit zur Debatte stehen kann.

»Wir sind das Volk« ist der ausgrenzende Schlachtruf derer geworden, die für andere Teile der Bevölkerung und die demokratischen Institutionen nur Verachtung übrighaben.

Es gibt aber auch jenseits der offensichtlichen staats- und demokratiefeindlichen Positionen in der Bevölkerung kein breit verankertes Wissen und keine einheitliche Meinung und Haltung dazu, was Demokratie eigentlich heißt und wie sie organisiert sein sollte.

Das Mannheimer Zentrum für Europäische Sozialforschung hatte in einer Studie über den Stand der Demokratie in Baden-Württemberg schon in den Jahren 2013/2014 die große Divergenz der Anschauungen zur Demokratie ermittelt. Verschiedene Milieus unterschieden sich nicht nur durch ihre politische Meinung, sondern durch ihr Verständnis und ihre Haltung zur Demokratie. Das heißt, dass wir in jeder Sachauseinandersetzung immer auch eine offene oder latente Auseinandersetzung darüber haben, wer mitsprechen und entscheiden darf.

Die Auffassungen, wie Mitsprache zu geschehen habe und wer am Ende die Entscheidung bestimmen soll, sind höchst unterschiedlich. So fordert ein Teil der gesellschaftlich besonders Engagierten ein absolutes Mitbestimmungsrecht, sofern ihre eigenen Interessen berührt sind. Für diese Gruppe sind dann auch Beteiligungsverfahren, an deren Ende eine von den eigenen Interessen abweichende Entscheidung steht, mehr als eine Enttäuschung. Sie widersprechen ihrem »Demokratieverständnis« und führen zu einem Dauerdiskurs, dass dies keine »echte« Demokratie sei und die Beteiligung nur Maskerade.

Was es braucht, ist ein nüchterner, pragmatischer Blick auf die – unverzichtbaren – Beteiligungsverfahren, der sich auf Ergebnisse und Erfolgsbedingungen richtet. Dabei sollte die Qualität der Entscheidung gesichert, die Qualität der öffentlichen Debatte gestärkt und das soziale Kapital gemehrt sein. Vor allem sollten Beteiligungsverfahren dazu dienen, gemeinsame Gestaltung und Verantwortung zu befördern; sie sollten die Beteiligten Selbstwirksamkeit erfahren lassen.

Diese Erfolge zu sichern, ist anspruchsvoll und nicht konfliktfrei.

Gute Beteiligungsverfahren verlangen Klarheit über die Ziele sowie einen hohen personellen Einsatz, methodische Professionalität und kommunikative Kompetenz.

Wieder einmal gilt: Das blinde Mehr dagegen schadet.

9

Die Schweigespirale: Warum die Transformation Klartext braucht

Wir spüren, dass wir nicht nur in außergewöhnlichen, sondern in historisch wohl unvergleichlichen Zeiten leben. Wir sind mit Fragen zur Sicherstellung unseres Überlebens konfrontiert, die ersichtlich eine umfassende Transformation zu einem nachhaltigen Leben und Wirtschaften verlangt.

Zwar haben sich auch in der Vergangenheit Lebensweisen und die Art des Wirtschaftens grundlegend verändert, doch geschah dies als Folge disruptiver, technologischer und organisatorischer Innovationen. Veränderungen in dem heute erforderlichen Maßstab sind jedoch noch nie zuvor als politisch organisierter Prozess erfolgt. Das ist aber die Aufgabe, vor der wir stehen.

Sie wird sich nur mit einer unvergleichlichen Aktivierung und funktionierenden Kooperation zwischen Staat, Wirtschaft und Bürgerschaft erreichen lassen, die vor allem vor Ort organisiert werden muss. Auch dies ist eine strukturell neue Herausforderung.

Beides wird zu selten formuliert. Größenordnung und Umfang der notwendigen Veränderungen werden nicht benannt: zum Teil aus Sorge vor dem befürchteten politischen Widerstand; zum Teil, weil sie auch von politisch Verantwortlichen verkannt werden. Selbst das Gefühl der Dringlichkeit ist trotz der signifikanten Resultate des schon bestehenden Klimawandels nicht ausreichend gegeben. In der Abwägung mit anderen Herausforderungen nehmen wir uns immer wieder Zeit, notwendiges Handeln auf die Zukunft zu verschieben.

Die Städte sind zwar weltweit eine besonders ambitionierte und engagierte Ebene. Sie sind im Erfolg ihres Handelns aber entscheidend bestimmt vom Rahmen, den vor allem die nationale Politik setzt. Und das gilt nicht nur regulatorisch und finanziell. Es gilt auch für die gesellschaftliche Wahrnehmung der grundlegenden Krise.

Ohne einen klaren Auftrag, Rückendeckung und Aufklärung kann lokale Politik nicht das erreichen, was ihr möglich wäre.

Die Dimensionen erfassen

Wenn wir uns mit den materiellen und energetischen Grundlagen unseres Wirtschaftens und Lebens befassen, bekommen wir eine Ahnung von der Größenordnung und dem Umfang der notwendigen Veränderungen.

Seit der industriellen Revolution verbrauchen wir mehr Ressourcen, als unser Planet nachproduzieren kann. Und wir beschleunigen diesen Verzehr. Im wahrsten Sinne holen wir aus der Erde, was unseren heutigen materiellen Wohlstand ermöglicht hat. Dies gilt insbesondere für Energie, aber nicht nur. Dennoch glauben wir, dass unsere ökonomische Erfolgsgeschichte der letzten 250 Jahre im Wesentlichen auf wissenschaftlich-technologischem Erfinder- und Unternehmergeist basiert.

Dies ist allerdings nur die halbe Wahrheit. Dieser Erfinder- und Unternehmergeist ermöglichte uns zwar die Erschließung neuer Ressourcen. Deren eigenen Beitrag zu unserem Wohlstand unterschätzen wir aber konsequent. Der amerikanische Autor Nate Hagens nennt diese Verkennung des entscheidenden Beitrags der der Erde entzogenen Energie für die wirtschaftliche Entwicklung »Energieblindheit«. Breiter gefasst müssten wir von »Ressourcen-Blindheit« sprechen.

Das gilt nicht nur volkswirtschaftlich.

Bezöge man die wahren Kosten des Ressourcenverbrauchs bzw. der Ressourcenzerstörung mit ein, dann wären auch auf der betriebswirtschaftlichen Ebene zahlreiche Unternehmen nicht mehr profitabel. Die in Studien vorgenommenen Schätzungen aus den letzten zehn Jahren bezüglich der 100 größten börsennotierten Unternehmen schwanken hier zwischen einem Anteil von 30 % bis 60 % der Unternehmen. Dies gibt einen Hinweis darauf, wie umfassend bestehende Geschäftsmodelle unter Druck geraten, würden die echten Kosten berücksichtigt.

Solange dies nicht erfolgt, führen auch die Anstrengungen zu mehr Effizienz zu keinem annähernd ausreichenden Erfolg. Denn die Verbräuche von Ressourcen massiv zu senken, ist nicht die Prämisse unseres Handelns, sondern die Schaffung von Wachstum in allen territorialen und unternehmerischen Einheiten, auch wenn es die wahren Kosten nicht berücksichtigt.

Das spüren oft auch die Handelnden selbst: So fragte mich ein chinesischer Bürgermeister, wie er eine ökologische Politik verfolgen solle, wenn der Maßstab, an dem er gemessen würde, allein jährliche Wachstumsraten seien.

Fortschritte zur Erhöhung der Effizienz beim Einsatz von Ressourcen werden deshalb überwiegend in mehr Produktion oder mehr Leistung umgesetzt. Nur massive Preissignale oder Regulatorik führen überhaupt zu einem Absinken.

So ging der Verbrauch von Diesel- und Otto-Kraftstoffen in Deutschland erst seit 2010 langsam zurück, obwohl erhebliche Effizienzsteigerungen schon lange erzielt wurden. In Andalusien wurde mit hoch effizienten Bewässerungsmethoden zwischen 2000 und 2020 zwar 20 % Wasser gespart, aber gleichzeitig die Anbaufläche um 50 % und die Produktion von Obst und Gemüse um 100 % gesteigert. Die Steigerung war nicht begrenzt durch das Ziel einer nachhaltigen Sicherung der Wasserversorgung.

Diese Logiken zu durchbrechen, verlangt große Anpassungen bei Wertschöpfung und Lieferketten und privatem Konsum. Zwar heißt das nicht, dass bei einer solchen Strategie des genügsamen, suffizienten Umgangs mit Ressourcen kein Wachstum mehr entstehen kann. Die Wertschöpfung müsste sich dann aber in Bereiche einer echten Kreislaufwirtschaft oder immaterieller Wirtschaftsgüter verlagern. Dafür wären die Anstrengungen und die Dimensionen der Veränderung so erheblich, dass dies kaum ausgesprochen wird.

Beruhigung als Sackgasse

Selbst in dem überwiegenden Teil des politischen Betriebs, der die Augen vor den Herausforderungen nicht verschließt, ist es das dominante Ziel, Beunruhigung zu vermeiden. Dieses Ziel ist mehr als nur nachvollziehbar.

Die darauf basierende Kommunikation schafft aber zugleich keine Basis, um realistische Strategien überhaupt formulieren zu können. Und sie schafft kein Zutrauen. Diese Rhetorik erreicht nur eine schrumpfende, vertrauende Mitte. Sie erreicht für zwei andere Gruppen keine Bindung: weder bei denen, die die Dimension der existenziellen Bedrohung zumindest erahnen, noch bei denen, die sich vor persönlichen Zumutungen fürchten und jede Politik ablehnen, die sie als einschränkend erleben.

Erstere sehen die Diskrepanz zum Nötigen; Letzteren ist schon die milde Rhetorik des Wandels zu viel.

Das Dilemma für verantwortliche Politik ist klar. Ein Durchlavieren bringt jedoch ersichtlich keine Lösung.

Die in dieser Situation überwiegend verwendeten Beschreibungen über den notwendigen Weg aus der ökologischen und sozialen Krise sind deshalb kaum weniger schädlich als die aggressive Verneinung des Klimawandels: Sie verhindern notwendige Schritte.

Im Wesentlichen handelt es sich um drei irreführende Erzählungen:

1. Die Darstellung, wir wären schon auf dem richtigen Weg, kennten die Lösungen und es fehlte lediglich an Beschleunigung. Dies entspricht schlicht nicht den Tatsachen und ist deshalb zwar eine Aussage, die kurzfristig Hoffnung vermitteln kann, aber zurückschlägt, wenn sich diese als trügerisch erweist. Sie sorgt insbesondere dafür, dass die Antworten auf die epochale Herausforderung als »business as usual« erscheinen und der Eindruck entsteht, dass Versäumnisse durch ein Mehr vom Gleichen aufgeholt werden könnten. Sie vermindert damit die Anstrengungen, neue Wege zu suchen.
2. Die ausschließliche Konzentration der Diskussion auf die Dekarbonisierung lässt die Tatsache, dass die planetaren Grenzen auch in anderen

Bereichen längst überschritten wurden, außer Betracht. Die Fragen des generellen Ressourcenverbrauchs bleiben außen vor. Eine reine Dekarbonisierungsstrategie ist eine Sackgasse. So würde der Ersatz von Öl und Gas durch Wasserstoff bei Aufrechterhaltung aller bestehenden Geschäftsmodelle den Strombedarf explodieren lassen. Die dafür notwendigen Infrastrukturen wiederum würden einen massiven ökologischen Fußbadruck erzeugen. Eine bloße Klimaneutralitätsstrategie verschleiert damit die Komplexität und Größenordnung der Herausforderung.

3. Das Gleiche gilt für die überwiegende Beschwörung technologischer Lösungen. Auch sie vermeidet die Fragen nach den materiellen Ressourcen und der mangelnden Fähigkeit, Effizienzgewinne für das Überleben zu nutzen. Dabei ist nicht zu bestreiten, dass es technologischer Lösungen bedarf; sie sind aber kein Ersatz für politische Instrumente zur Durchsetzung eines nachhaltigen Wirtschaftens.

Eine Unterschätzung der Herausforderung ruft nicht zuletzt die Diskussion um die Zieldaten für Klimaneutralität hervor. Zieldaten vermitteln den Eindruck, dass jetzt unterbleibende Maßnahmen bis 2040, 2045 oder 2050 aufgeholt werden könnten. Die Klimaneutralität zu einem bestimmten Zeitpunkt löst aber das Problem nicht, wenn das »Restbudget«

an CO_2-Äquivalenten bis dahin deutlich überzogen ist, das der Atmosphäre noch zugefügt werden kann, um zumindest deutlich unter 2 Grad Klimaerwärmung zu bleiben. Eine eingesparte Tonne CO_2 jetzt entlastet dieses Budget bis 2050 um 26 Tonnen, während es mit der gleichen Maßnahme im Jahr 2049 bei der einen eingesparten Tonne bleibt. Jeder Tag zählt also, was sich in den wesentlichen Narrativen der Politik nicht widerspiegelt.

Auch entsprechen die Jahresrhythmen der politischen Prozesse nicht der Dringlichkeit im entscheidenden »Jahrzehnt des Handelns«, wie es der UN-Generalsekretär António Guterres nannte. Das Projekt »10 × 100« schlägt deshalb 100-Tages-Rhythmen zur Fortschrittskontrolle und Nachsteuerung vor.

Die scheinbar fernen Ziele und zu langen Entscheidungsrhythmen haben nicht nur die Konsequenz, dass die Dringlichkeit auch in der Breite der Bevölkerung nicht angekommen ist. Die Handlungskonzepte selbst sind deshalb nicht konsequent auf die am schnellsten wirksamen Maßnahmen mit dem größten Hebel gerichtet.

Im viel diskutierten Gebäudesektor ist das Idealbild eine mit maximalem Ressourcenaufwand betriebene Vollsanierung, die bei über 200 Millionen Gebäuden in der EU schon ihrerseits Fragen der ökologischen Tragbarkeit aufwirft. Zu solchen Sanierungen werden z. B. Kommunen bei den energetisch schlechtesten Gebäuden verpflichtet, auch wenn die

Wärmeversorgung für das konkrete Gebäude durch erneuerbare Energie erfolgt.

Das gleiche Geld könnte hier vor Ort kurzfristig deutlich effektiver eingesetzt werden. Ein auf Jahresscheiben bezogenes, verpflichtendes Einsparziel mit lokal erstellten Maßnahmeplänen wäre für das Klima wirksamer.

Auch wenn der Aufforderung »I want you to panic« vernünftigerweise von Regierungen nicht nachgekommen wird: Ohne eine einigermaßen realistische Beschreibung der Herausforderungen gibt es in keinem politischen System einen Weg zur Durchsetzung ausreichender Maßnahmen. Denn ohne sie kann eine überzeugende Verbindung zwischen den vorgeschlagenen Maßnahmen und der Aufgabe nicht hergestellt werden.

Die verständliche und sinnvolle Beschwörung des Gelingens und die Betonung der Chancen sind kein Ersatz für eine Beschreibung der Herausforderungen und für eine Sprache, die diese deutlich werden lässt. Eine Transformation, bei der der Eindruck erweckt wird, dass alles so bleiben kann, wie es ist, wird es nicht geben.

Fehlalarm: ökologisch vs. sozial

Eine besonders gravierende Fehleinschätzung ist das Gegeneinanderstellen von ökologischer Verantwortung und sozialer Gerechtigkeit. Tatsächlich gehen ökologische Zerstörung und soziale Ungleichheit

Hand in Hand. Vor allem aber sind die absehbaren Katstrophenfälle und die ausgelösten Krisen maximale Treiber sozialer Ungleichheit.

Sind beide Dimensionen – die ökologische und die soziale – zwei Seiten einer Medaille, ist eine Verlangsamung des Wandels keine Antwort zugunsten sozialer Gerechtigkeit. »Gerechte Transformation« heißt deshalb nicht Verlangsamung; »gerechte Transformation« heißt staatlicher Schutz der vulnerablen Gruppen und sozialer Ausgleich.

Das entschiedene und glaubwürdige Konzeptionieren von Maßnahmen zur Stärkung sozialer Gerechtigkeit ist dabei mehr als die Folgenbewältigung der Veränderung: Sie ist Voraussetzung für ihr Gelingen. Oder genauer: Sie ist Voraussetzung, dass die Veränderung gestaltet wird und nicht durch Katastrophen geschieht.

Die notwendige Resilienz für eine Gesellschaft, die sich derartigen Veränderungsprozessen stellen muss, ist ohne soziale Gerechtigkeit und ein Zutrauen, dass diese im Zentrum der Bemühungen steht, nicht gegeben und nicht herstellbar.

Die falsche Lebensstil-Debatte

Ein Zutrauen in eine solche Gestaltung des Wandels wird es zudem nicht geben, wenn der Eindruck entsteht, dass die Bevölkerung durch persönliche Konsum- und Lebensstilentscheidungen die ökologische Krise lösen muss.

Zunächst einmal kann dies schon theoretisch nicht gelingen. Die Idee der freien und aufgeklärten Wahl und informierten Entscheidung beim persönlichen Konsum ist ein Konstrukt. Sie existiert in der Realität nicht.

Solange zudem Umwelt-Kosten nicht bei jedem Produkt bezahlt werden müssen, würde dies fast durchgehend individuelle Entscheidungen gegen die eigenen ökonomischen Interessen verlangen. Auch wird die Tatsache, dass ein nachhaltiger Konsum derzeit ohne einen erheblichen Aufwand an Zeit überhaupt nicht organisierbar ist, außer Betracht gelassen.

Die Nachhaltigkeit in Angeboten und Produktion sicherzustellen, ist deshalb zuvörderst Aufgabe von Politik und kann nicht auf die Konsumentenseite delegiert werden.

Vor allem hat diese Verlagerung der Debatte ins Private eine weitere, schwerwiegende politische Konsequenz: Mit dem Bezugsrahmen der richtigen Wahl des Lebensstils und der Produkte erscheint schon der Appell zur Verhaltensänderung als eine Einschränkung von Freiheit. Dies ist aber eine Verzerrung der Wirklichkeit: Zum einen besteht wie gesehen keine echte Freiheit der Wahl, zum anderen verzehrt die gegenwärtige, scheinbare Wahlfreiheit unsere Freiheitsräume tatsächlich in atemberaubendem Tempo. Die Bewahrung dieser Freiheitsräume wiederum ist keine Wahl, sondern eine Plicht derer, die Verantwortung tragen. Und dies ist auch die Sprache, die den Herausforderungen angemessen ist: eine Sprache der Pflicht und Verantwortung.

Diese Pflicht und Verantwortung trifft dabei diejenigen, die regulatorisch dafür sorgen können und müssen, welche Voraussetzungen Marktangebote erfüllen müssen.

Allenfalls so können diese wirklich existenziellen Fragen vom Odium der Lebensstil- und Kulturkampfdebatten ferngehalten werden.

Bewahren, was uns naheliegt

Die Bedrohung uns sehr naheliegender Werte ist so präsent, und die Zusammenhänge sind so evident, dass es argumentativ oft keiner Bezüge zur grundlegenden Transformation braucht, um entschiedene Schritte nachvollziehbar zu machen. Das wiederum ist vor allem lokal und regional unmittelbar einsichtig, braucht aber einen kommunikativen Rahmen, der auf allen politischen Ebenen gesetzt wird.

So treffen die sich beschleunigenden Krisen beispielsweise den Lebensmittelsektor besonders, der in vielen Städten und Regionen nicht nur präsent, sondern identitätsbildend ist. Nahrungsmittelsicherheit und die Sicherstellung der Ernährung werden bald zwingend zu lokalen und regionalen Themen werden. Selbst wenn das – zu Recht – nicht bedeutet, regionale Autarkiekonzepte zu entwickeln: Schon die Diskussion der Frage der höheren Resilienz der regionalen Produktion führt zu Veränderungen. Ähnliche Konsequenzen ergeben sich, wenn Qualität und Quantität des lokal verfügbaren Wassers breit und fachlich fundiert öffentlich behandelt werden.

Zustimmungsfähig ist auch die Wiederherstellung bzw. Rückgewinnung von Naturraum. Sie ist nicht nur für die Menschen selbst ganz unmittelbar attraktiv. Die Erhöhung der Zahl und Menge von Naturräumen ist auch ein wesentlicher Baustein für die Bewahrung der Biodiversität, die wiederum zur Sicherung der Nahrung größte Bedeutung hat.

»Mehr Natur«, insbesondere in verdichteten Siedlungsräumen, ist ein Ziel, das mit breiter Zustimmung rechnen kann. Verdeutlicht werden muss dabei jedoch, dass trotzdem die Fläche, die für die Ernährung von Menschen zur Verfügung steht, ausgeweitet werden kann. Sinken muss nur der Flächenanteil für tierische Nahrung. Und auch die Reduktion von Lebensmittelabfällen bewegt Menschen positiv und ist ein Ziel, das deutliche Mehrheiten teilen. Und nicht zuletzt ist die Zugänglichkeit und Bezahlbarkeit von gesundem Essen ein positiv besetztes Thema.

Mehr Sicherheit, mehr Natur, ausreichendes und sauberes Wasser, keine Lebensmittelabfälle, Gesundheit – das alles trägt nicht die Überschrift einer Verzichtspolitik, sondern knüpft an eigenen, erfassbaren Interessen an. Es sind lokal nachvollziehbare und zu einem erheblichen Teil auch lokal bearbeitbare Themen, die Notwendigkeit von Veränderung greifbar machen.

Sie müssen in das Zentrum der lokalen und regionalen Politik und Medien.

Der richtige Ton

Selbstverständlich bleibt die Herausforderung bei einem solchen noch nie beschrittenen Weg, dass konkrete Umsetzungsschritte zum erheblichen Teil erst erarbeitet und auf Basis von gemachten Erfahrungen immer wieder nachkorrigiert werden müssen.

Auch hier hatten wir Erfahrungen bei der Bekämpfung der Pandemie, die Mut machen können: In kurzer Folge musste sich Politik auf der Basis neuer Erkenntnisse anpassen bzw. korrigieren. Bei einer Mehrheit wuchs dennoch das Zutrauen in die Politik, nur bei einer lautstarken, sich radikalisierenden Minderheit galt das Gegenteil.

Die Kommunikation unterschied sich dabei von der gewohnten politischen Kommunikation und verlangte eine Balance zwischen dieser Offenheit über das begrenzte Wissen einerseits und der Ausstrahlung von aktuell begründeter Gewissheit und Führungsstärke andererseits. Robert Habeck gelang diese Balance auch in der Gaskrise in Folge des russischen Überfalls auf die Ukraine. Der Erfolg war nicht dauerhaft – aus unterschiedlichen Gründen. Verheerend wäre es, daraus oder aus der Interpretation, es handle sich um einen persönlich profilgebenden Kommunikationsstil, die Schlussfolgerung zu ziehen, dass diese Kommunikation und Darstellung von Politik nicht tragen. Tatsächlich ist es der Ton, den an Lösungen orientierte Politik in Zeiten unvergleichlicher Herausforderungen treffen muss.

Viele in der Politik glauben, dass es eine Mehrheit der Menschen einfach gemacht bekommen will, dass der Öffentlichkeit wenig zugemutet werden kann und darf, obwohl in der Pandemie die gegenteilige Erfahrung gemacht werden konnte und von einer Mehrheit dort sogar entschiedeneres Handeln gefordert wurde. Sie sehen in den »Zumutungen« den Erfolg des Populismus begründet und sehen die Gefahr, noch »unpopulärer« zu werden, wenn die Dimensionen der Herausforderungen, vor denen wir stehen, offen angesprochen werden.

Dabei ist ein Treiber für die derzeit spürbare Distanz auch das Gefühl, dass die Welt schöngeredet wird. Deshalb ist die derzeit dominante Strategie, die Probleme anzusprechen und im selben Atemzug massiv zu relativieren, unter Umständen genau der Mittelweg, der nach Alexander Kluge und Edgar Reitz in »Gefahr und höchster Not« den Tod bringt.

Sie verkennt aber vor allem, dass nicht nur die Zeiten objektiv anderes verlangen. Bei nicht wenigen Menschen besteht genau danach eine Sehnsucht: eine Sehnsucht nach einer Politik, die die Herausforderungen ehrlich beschreibt, einer Politik, die Ziele benennt, die mehr sind als Erhalt des Status quo bei Abwehr von Katastrophen.

Eine Sehnsucht nach einer Politik, die diese Ziele mit der Wirklichkeit abgleicht, sich bei Bedarf korrigiert und mutig handelt.

Eine Sehnsucht nach Politik, die vor allem nach Antworten und nicht nach Mehrheiten sucht und die das Nötige abverlangt.

10

Wir Demokraten und das Gift des Populismus

In einer Zeit der beispiellosen ökologischen Herausforderung und multipler Krisen scheint der breite Angriff des Populismus auf die Demokratie eine Reaktion auf diese Instabilität zu sein.

Doch er ist selbst ein Erzeuger von Krisen und keine bloße Reaktion. Er folgt nicht »naturwüchsig« aus den Krisen.

Der Angriff auf Demokratie und Rechtsstaat ist weltweit interessengeleitet und absichtsvoll, losgelöst von Krisen und schon lange im Gange. Beide aktuellen, uns so sehr betreffenden Kriege sind seine Folgen. Sie hätte es ohne die grundlegenden Destabilisierungen von Demokratien und Rechtsstaatlichkeit wohl nicht gegeben.

Populismus als Angriff von »oben«

Lange wurde der Kern des populistischen Angriffs nicht thematisiert und beachtet.

Die Demokratie war uns so selbstverständlich geworden, dass nicht nach den Mechanismen und Absichten des Angriffs auf die Demokratie gefragt wurde, sondern ausschließlich die demokratischen Parteien und Institutionen nach ihren Fehlern und Verantwortlichkeiten. Dass Demokratie überhaupt merklich angegriffen wurde, belegte so scheinbar schon ihre Fehler.

Demokratie ist bei dieser »Fehler-Betrachtung« nicht der unverzichtbare und zu verteidigende Rahmen für die Selbstorganisation der mit gleichen Rechten ausgestatteten Menschen, sondern eine Einrichtung, die »Leistungen« an uns zu erbringen hat – zuvörderst Wohlstand und Sicherheit. Übersehen wird, dass Demokratie und Rechtsstaat angegriffen werden, weil die Gruppen, die Populismus befeuern, ihre Interessen durch Demokratie(n) bedroht und eher in Ungleichheit gewahrt sehen.

Sie sprechen zwar damit auch Benachteiligte in der Gesellschaft an, die in den populistischen Parteien jedoch gerade keine Sachwalter finden werden. Diejenigen, die den Angriff planvoll unterstützen, eint kein gemeinsames Zukunftskonzept. Einigendes Band ist die Befreiung der Starken von den Fesseln eines verachteten Staates, in dem alle mitreden können. Und dies ist leider anschlussfähig in der Mitte, für einen Teil des bislang demokratischen politischen Spektrums.

Das diese Realität verschleiernde Narrativ des Populismus, er sei die Notwehr der von der »traditionellen« Politik Vernachlässigten, ist eine seiner Waffen. Und es wird leider in der öffentlichen Debatte und den Medien unhinterfragt übernommen. In Mannheim ist der Stadtteil mit dem höchsten AfD-Wähleranteil ein Stadtteil, in dem Kommunalpolitik sehr präsent ist und in dem zudem mit Abstand am meisten in Wohnen und Bildung investiert wurde. Das hinderte aber nicht daran, als mediale »Analyse« die Geschichte des von der kommunalen Politik vergessenen Stadtteils zu erzählen. Fast ebenso hohe Wahlanteile in sozial sehr stabilen, »bürgerlichen« Stadtteilen blieben dagegen lange Zeit öffentlich ohne Beachtung.

Populismus ist Methode und keine Meinung

Der Kern der populistischen Bewegungen ist nicht die zugespitzte Auseinandersetzung um Euro, Zuwanderung, Energiewende. Populismus ist es, diese Themen als Vehikel für das grundlegendere Ziel zu nutzen: der Beseitigung einer rechtsstaatlich verfassten Demokratie, in der der Wechsel von Regierungen wahrscheinlich ist und in der allen Menschen gleiche Rechte zugebilligt werden.

Der Populismus braucht deshalb keine festen, schon gar keine belastbaren Positionen in Sachfragen. Er bedient abwertende Muster und kann diese in nahezu jedem kontroversen Thema zur Anwendung bringen. Die Sammlung der Unzufriedenheit und die Inszenierung der Abweichung genügt. Seine Kraft zieht er auch daraus, dass viele andere solche Muster mit bedienen: die pauschale Herabwürdigung der

»Politik« und von »Eliten«, ein Lächerlich-Machen von Fachlichkeit, das hohe Lied auf den überlegenen »gesunden Menschenverstand«. Hinzu kommt eine Feindlichkeit gegenüber Institutionen, zu denen auch Medien gehören, sofern sie keine unkritische Plattform bieten. Nicht zuletzt ist die »Moralisierung« ein bestimmendes Merkmal. Jede behauptete Zumutung – und sei es der Neubau einer Stadtbahn oder die Einführung einer Abgabe – ist unmoralisch. Zusammen mit der Personalisierung von Politik ist das der klassische populistische Cocktail. Der alte Topos »reines Volk und korrupte Elite« wird so vergleichsweise unauffällig thematisiert.

Stolz auf die Demokratie

Ein Hinweis auf eine wirksame Antwort ergibt sich, wenn man der Frage nachgeht, wie es kommt, dass in Deutschland das Phänomen relativ spät in Erscheinung getreten ist – und hier eindeutig in Phasen – zuerst im Osten, dann im Westen.

Könnte es nicht sein, dass die Auseinandersetzung mit der Katastrophe des Nationalsozialismus und die damit verbundene Wertschätzung der Demokratie tatsächlich so etwas hatte entstehen lassen wie einen »Verfassungspatriotismus«, den Dolf Sternberger einst beschwor? Könnte es sein, dass das Bewusstsein über die Funktionsweise der Demokratie, das Wissen über die Institutionen hier ausgeprägter war als in anderen Ländern? Und dass es kein Zufall ist, dass dort, wo diese Debatte nicht stattfinden konnte, der Angriff auf die Demokratie am manifestesten ist? Und könnte es sein, dass dieses Bewusstsein und dieses Wissen abgenommen hat? Und ist es nicht naheliegend, dass eine Antwort in Wissen, Achtsamkeit und Respekt läge, vielleicht auch in Stolz auf diese Verfassung und ihre funktionierenden Institutionen?

Ein Offenlegen der Absichten, Argumentationsmuster und der erodierenden Wirkung des Populismus auf unser Gemeinwesen sind wichtige Elemente der Immunisierung.

Sich der Erosion der Demokratie entgegenzustellen, muss sich aber in einer positiven Vision begründen: im Wissen um, Respekt für und Stolz auf unsere Demokratie, dem Wissen um ihre Grundlagen und ihre Geschichte.

Mit Anstand reden

Politik, Verwaltung, Medien – sie sind angesprochen, aufzuklären, Position zu beziehen, die positive Vision mit Leben zu füllen.

Aber was ist mit uns – uns, die wir uns ohne Funktionen und Mandate schlicht zur Demokratie bekennen?

Sorgen wir dafür, dass Gemeinschaft gestärkt, die Institutionen konstruktiv begleitet werden und die vielen uns so bewegenden Fragen kontrovers, offen, aber ohne Hysterie ernsthaft diskutiert werden?

Was tun wir für die »bürgerliche Höflichkeit«, die nach Zygmunt Bauman unverzichtbar ist, oder für den »Anstand in schwierigen Zeiten«, über den Axel Hacke geschrieben hat? Orientieren wir uns an ihnen, fordern wir sie ein?

Wenn alle, die Demokratie verstehen und erhalten wollen, sich nicht an ihrer Schwächung beteiligen, ist schon viel gewonnen: Denn die pauschale Abwertung von Gruppen sowie eine Verachtung gegenüber Politik im Allgemeinen und gegenüber Institutionen wie Regierungen, Verwaltung und Parlamenten sind keine Phänomene von Randgruppen in den sozialen Medien. Es geschieht in meinungsbildenden Kreisen, in der Mitte der Gesellschaft.

Humanität, Respekt, Anstand müssen die Maßstäbe unserer Beteiligung am öffentlichen Diskurs sein, und wo sie fehlen, sollten wir das thematisieren.

Demokraten sollten sich auch nicht an der Befeuerung eines Kulturkampfs beteiligen.

Sozio-kulturelle und ästhetische Fragen sind längst zu politischen und gesellschaftlichen Merkmalen geworden, die scheinbar unüberwindbare Grenzen markieren. Das gilt es einzudämmen. Die Nutzung dieser Konfliktlagen, der Versuch, scheinbare Sicherheit durch Identität und Abgrenzung anzubieten, sind Treiber der tiefgehenden Spaltung. In manchen Oberbürgermeisterwahlen in Deutschland zeigen sich schon fast amerikanische Verhältnisse:

Ganze Stimmbezirke weisen keine Pluralität mehr auf, sondern stimmen fast homogen. Das ist mit klassischer politischer Meinungsdifferenz nicht mehr zu erklären. Das sind lebensweltliche Bekenntnisse.

Das dürfen wir nicht befeuern: Georg Löwisch, Chefredakteur von »Christ und Welt«, hat dies überzeugend begründet: Das Wesen der Demokratie ist die Verständigungsbereitschaft und der Kompromiss. Im Kulturkampf aber kann es keinen Kompromiss geben.

Wenn sich Demokraten in diesen Kulturkampf begeben, begeben sie sich auf eine abschüssige Bahn, die den demokratischen Diskurs auf Dauer unmöglich macht.

In einem Kulturkampf wird am Ende allen, die politisch Verantwortung tragen, die Legitimation abgesprochen werden, die Bevölkerung zu repräsentieren. Hier gibt es für Demokraten nichts zu gewinnen.

Als Demokraten müssen wir verstehen, dass die Gegner der offenen Gesellschaft eine destruktive Strategie haben, denen eine konstruktive Strategie entgegengestellt werden muss, die die jeweils Anderen achtet, Institutionen wertschätzt und über Konzepte streitet und nicht über Lebenswelten.

Und das kann nicht Politik allein; es liegt an uns.

Dank

Dieses Buch wäre nicht möglich gewesen ohne die zahlreichen Erfahrungen und Gespräche mit Engagierten, Kolleg:innen und Mitarbeiter:innen. Es wäre auch nicht entstanden ohne diejenigen, die mir ein Bedürfnis nach einer politischen Rhetorik signalisierten, die jenseits der unmittelbaren eigenen Interessen ansetzt. Den Gedanken, über dieses „politische Sprechen in Zeiten grundlegender Veränderung“ zu schreiben, verdanke ich auch Gesprächen im Rahmen des European Forum Alpbach. Doch ohne die Ermutigung von Oliver Vogel und Insa Wilke und ihrer Expertise wäre es wohl bei einer bloßen Überlegung geblieben. Ihr Impuls, ein Debattenbuch mit knappen Thesen auf Basis meiner Erfahrungen vorzulegen, brachte mich an den Schreibtisch. Dafür danke ich sehr, wie auch Oliver Vogel und dem Verlag dafür, dem Text selbst noch mehr zuzutrauen als eine Betrachtung städtischer Politik. Ich danke vor allem meiner Frau Daniela für die intensive Begleitung während des Schreibens sowie zusammen mit meinem Sohn David für das erste Lektorat und

das kritische Sensorium beider, auf das ich mich immer verlassen kann. Meiner Tochter Hannah danke ich für den steten Blick auf die Anforderungen der schon gegenwärtigen Zukunft, der mich auch aus der Ferne erreicht. Petar Drakul danke ich als Erstleser für seine Hinweise. Alexander Roesler danke ich für das Lektorat und die weiter bestärkende Begleitung im Prozess der Produktion.
Und ich danke allen, in und außerhalb des Verlags, die das Buch sichtbar machen und vor allem denen, die es lesen… und sich vielleicht ermutigen oder zu einer anderen Praxis anregen lassen.